Amazing
History Stories

馬桶故事集

歷史哪有這麼硬！

馬桶故事集

賽賽主公有感——

佛界有一幅名聯：

「大度能容，容天下難容之事；
開懷一笑，笑世間可笑之人。」
這些話無非是強調為人處世要豁達大度

正面思考：59

馬桶故事集：歷史哪有這麼硬

編　　著　賽賽主公
出 版 者　大拓文化事業有限公司
執行編輯　林美娟
美術編輯　蕭佩玲

總 經 銷　永續圖書有限公司
劃撥帳號　18669219
地　　址　22103 新北市汐止區大同路三段一九十四號九樓之一
TEL　(〇二)八六四七—三六六三
FAX　(〇二)八六四七—三六六〇
E-mail　yungjiuh@ms45.hinet.net
網　址　www.foreverbooks.com.tw

CVS代理　美璟文化有限公司
TEL　(〇二)二七二三—九九六八
FAX　(〇二)二七二三—九六六八

法律顧問　方圓法律事務所　涂成樞律師

出版日◇二〇一六年二月

國家圖書館出版品預行編目資料

馬桶故事集：歷史哪有這麼硬 / 賽賽主公編著.
-- 初版. -- 新北市 : 大拓文化, 民105.02
面 ; 公分. -- (正面思考系列 ; 59)
ISBN 978-986-411-026-1(平裝)
1.中國史　2.通俗史話
610.9　104026594

前言

有個地方每天都要去，有些時候除了瞪著前方只能用力。既然如此，本著時間可貴機不可失青春可人的原則，看一小篇歷史故事吧。

文化即是人類社會文明的進步歷程，歷史乃是人生之記載。千年的歷史，不僅能給人類留下永久的回味，而且還能從中傳承豐富的思想啟迪和心靈的淨化，使人從中學會許多做人的道理。

歷史即人生。「人謀事深，則思悟精；人謀事淺，則意境淡。」古往今來，每一個人都是在歷史的進程中成長，他們精深的思悟，從人生易逝天地長留的喟歎，到感歎時的慷慨，官場應酬的醒悟，生命歷程的感觸，文人精神的嚮往，其間無不反映了做人的性情與修養、學識與品格，這所有的一切都能引起人們思想深處的共鳴和心靈的強烈震撼。

歷史是生活的一面鏡子。中國五千年歷史文化，壯麗輝煌，博大精深，每一個時代無不閃爍著智慧的靈光。藉由鮮活的史例，讓我們從中可以領悟到許多生活的真諦，為我們的人生指明航向。

透過品讀歷史故事，解讀了我們身上所攜帶的文化基因，使我們在繼續前行時，累積更多的智慧力量，並領略古人的處世智慧、軍事韜略和人生意趣。本書以古為鏡，慎察既往，以戒今失，使我們春風得意時不會得意忘形，樂極生悲；窮途末路處也許正是柳暗花明時，得失之間，坦然淡定。

CONTENTS

週一 蹲馬桶

用長遠的目光來把握時機

週二蹲馬桶

用善辯的能力 取得成功的機會

CONTENTS

週三蹲馬桶

學會自我保護 避免受傷

週四蹲馬桶

寬容讓你贏得人生

CONTENTS

週五 蹲馬桶

看清他人 認清自己

週末蹲馬桶

多變的思維 正確的抉擇

週一

蹲馬桶

用長遠的目光來把握時機

善於忍耐，等待時機

明太祖朱元璋開創大明基業之後，為了加強宗族勢力，除了徐達等幾個異姓功臣外，他還把自己的十四個兒子全都加封為王。明太祖駕崩後，因皇太子朱標早死，就由長孫允炆繼位，即建文帝。建文帝甫登基，便感受到了十多位皇叔的威脅，於是他開始進行大規模的「削藩運動」，將皇叔們一一剪除羽翼，有的流放，有的藉機殺掉。最後只剩下燕王和寧王兩個，因其環境特殊，又一時尚未找到藉口，便暫時留下來。

燕王朱棣是朱元璋的第四子，為人驍勇善戰。他也頗感自危，決意伺機行動，但因為力量不足，只好暫時忍耐。建文帝也顧慮朱棣擁兵在外，又勇悍多謀，也不敢輕易下手。

不久，建文帝以高官厚祿收買了燕王的親信葛誠，令他隨時密報燕王的舉止。葛誠就慫恿朱棣入宮見帝，以釋嫌疑。這無疑是驅羊入虎口，朱棣的軍師道衍極力反對，但朱棣卻說：「此時我能興兵，便當興兵，若不能，不如暫往一行。」因此毅然進京。建文帝本想找個把柄乘機殺掉他，但燕王到京後處處謹言慎行，又顯得十分馴順，他反而無從下手。一個月後，他只好放燕王返回燕京。

京城一月，燕王察言觀色，亦感危機重重。回到燕京後，他立刻詐病，並傳言病重。建文帝終不放心，又尋機把燕王所屬勁旅調離燕京，並殺了他的幾個得力部將。

朱棣為使皇帝不疑，便詐癲扮傻，甚而溜出王府，在街市上奔走呼號，搶奪酒食，說話顛三倒四，有時還仰臥街頭，整日不醒。建文帝派謝貴前去探病，當時，正逢盛夏，只見朱棣穿起皮襖，圍爐而坐，還直喊天氣太冷。但葛誠卻密報朝廷，說燕王實是詐病，切勿被他瞞過。於是建文帝決定立即採取行動，密令燕京守城副將張信下手捉拿朱棣。

張信一直是燕王的親信，接到密令後十分為難。他的母親知道底細後，勸他不可忘恩負義。張信便去見朱棣，朱棣仍在裝瘋。

張信說：「殿下快不要這樣。有什麼，便對老臣直說無妨。」

朱棣說：「我已經病得不行了。」

張信便把建文帝的手諭拿出來，以實相告。

於是，燕王急招軍師道衍入室，共商救急之計。當晚設宴，預作埋伏，將謝貴及葛誠一並擒住。燕王朱棣憤憤地說：「如今在籍的普通百姓，尚且知道兄弟、宗族互相體恤；我身為皇叔，性命卻朝不保夕。

朝官如此待我，遍天下還有何事幹不出來？」他扔掉手中枴杖，長歎一口氣說，「我哪裡有病，都是你們這幫奸臣逼出來的！」於是令人將謝貴等人斬首，隨即起兵，直向南京討伐建文帝。經過四年征戰，終於獲勝，登上皇位，定都北平。他就是歷史上的明成祖。

戰國的時候，燕昭王（燕國國君，比燕王朱棣早數個朝代）也很善於忍耐和等待。齊國攻打宋國，燕王為表示聯盟，也派張魁為使臣率領士兵去幫助齊國。齊王卻殺死了張魁。燕王聽到這個消息後，非常氣憤，連忙召來手下文武官員說：「我要立即派軍隊攻打齊國，替張魁報仇。」

大臣凡繇聽說後謁見燕王，勸諫說：「從前以為您是賢德的君主，所以我願意追隨您的左右。現在看來是我錯了，請您允許我棄官歸隱，不再做您的臣子。」

燕昭王迷惑不解：「這是為什麼呢？」

凡繇回答：「松下之亂，先君被俘，您對此感到非常痛苦，但卻仍能侍奉齊國，是因為力量不足啊！如今，張魁被殺死，您卻要去攻打齊國，這是不是把張魁看得比先君還重呢？」接著，凡繇請燕王停止發兵。

燕王說：「那我該怎麼辦呢？」

凡繇說：「請大王您穿上喪服離開宮室，住到郊外，派遣使臣到齊國，以客人的身份去請罪，告訴齊王說：『這都是我的罪過。大王您是賢德君主，怎可能殺死諸侯的使臣呢？只有我們燕國的使臣被殺死，一定我們選人不慎啊！請接受我的使臣向您請罪』。」

燕王聽從了凡繇的建議，又派一個使臣出使齊國。使臣到達齊國時，正逢齊王舉行盛大的宴會，參加宴會的近臣、官員、侍從很多，齊王當場讓燕國使臣進來晉見，使臣說：「燕王非常恐懼，特派我來請罪。」使臣說完，齊王甚為得意，讓他在宴會上重複一遍，藉以向近臣、官員、侍從炫耀。

而後，齊王讓燕王搬回富室居住，表示寬恕了燕王。燕王委曲求全，為攻打齊國創造了時機和條件，接著又在郭槐等一大批賢才的盡力輔佐下不斷積養實力，壯大軍威，終於在隨後的濟水之戰中打敗齊國，雪洗前恥。

如果當時燕王非要逞一時之勇，在沒有做好充分準備的情況下就去攻打齊國，很可能早就成了刀下冤魂了。

賽賽主公說

水往低處流，人們處於實力微弱、處境困難的時候，也就是受到打擊和欺侮最多的時候。在這種情況下，人們的抗爭力也最差，如果能避開大劫已算是很幸運了。那麼，此時在面對別人過分的「對待」時，最好是採取忍耐的策略，忍下一時之氣，「留得青山在，不怕沒柴燒」，用「君子報仇，十年不晚」作為忍的動力。

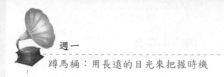

藏器於身，待時而動

秦國大軍攻打趙都邯鄲，趙國雖然竭力抵抗，但因長平一戰慘敗後，力量不足。趙孝成王要平原君趙勝想辦法向楚國求救。平原君是趙國的相國，又是趙王的叔叔。他決心親自到楚國去跟楚王談判聯合抗秦的事。

平原君打算帶二十名文武全才跟他一起去楚國。他手下有三千門客，可是真要找文武雙全的人才，並不容易。挑來挑去，只挑中十九個人。

他正在著急的時候，有個坐在末位的門客站了起來，自薦說：「我能不能來湊個數呢？」

平原君詫異地說：「您叫什麼名字？來到我門下有多少日子了？」

那個門客說：「我叫毛遂，到這兒已經三年了。」

平原君搖搖頭說：「有才能的人活在世上，就像一把錐子放在口袋裡，錐尖很快就會冒出來。可是您到這兒三年，我從沒有聽說您有什麼才能啊！」

毛遂說：「這是因為我到今天才讓您看到這把錐子。要是您早點把它放在袋裡，它早就戳出來了，難道只露出個錐尖就算了嗎？」

旁邊十九個門客認為毛遂在說大話，都帶著輕蔑的眼光笑他。但平原君倒賞識毛遂的膽量和口才，決定讓毛遂湊上二十人的數，當天辭別趙王，前往楚國去了。

平原君跟楚王在朝堂上談判合縱抗秦的策略。毛遂和其他十九個門客都在台階下等著。從早晨開始，一直談到中午，平原君為了說服楚王，說得都口乾舌燥了，可是楚王說什麼也不同意出兵抗秦。

台階下的門客等得實在不耐煩，可是誰也不知道該怎麼辦。有人想起毛遂在趙國說的一番豪言壯語，就悄悄地對他說：「毛先生，看你的啦！」

毛遂不慌不忙，拿著寶劍，上了台階，高聲嚷著說：「合縱不合縱，三言兩語就可以解決了。怎麼從早晨說到現在，都到正午了，還沒說定呢？」

楚王很不高興，問平原君：「這是什麼人？」

平原君說：「我的門客毛遂。」

楚王一聽是個門客，更加生氣，罵毛遂說：「我跟你主人商量國家大事，輪不到你來多嘴？還不趕快下去！」

毛遂按著寶劍跨前一步說：「你用不著仗勢欺人。我主人在這裡，你破口罵人算什麼？」

楚王看他身邊帶著劍，又聽他說話那股狠勁兒，有點害怕起來，就換了和氣的臉色對他說：「那您有什麼高見，請說吧！」

毛遂說：「楚國有五千多里土地，一百萬兵士，一直是個稱霸的大國。沒有想到秦國一興起，楚國連打敗仗，甚至連堂堂的國君也成了秦國的俘虜，死在秦國，這是楚國最大的恥辱。秦國的白起，也只不過是個沒什麼了不起的小子，帶了幾萬人，一戰就把楚國的國都——郢都奪了去，逼得大王只好遷都。這種恥辱，就連我們趙國人也替你們感到羞恥，想不到大王您倒不想雪恥呢！老實說，今天我們主人來跟大王商量合縱抗秦，不單是為了我們趙國，更主要的是為了楚國啊！」

毛遂這一番話，真像一把錐子，一句句戳痛楚王的心。他不由得臉紅了，接連說：「說的是，說的是。」

毛遂緊緊盯了一句：「那麼合縱的事就定了嗎？」

楚王說：「決定了。」

就這樣，毛遂立了功，從此得到平原君的重用。

賽賽主公說

毛遂及時抓住機遇，施展自己的才幹，完成了救趙的使命，也改變了長期被埋沒、不受重用的命運。古人說：「夫難得而易失者，時也；時至而不旋踵者，機也。」這正說明了時機難得而易失，機不可失，時不再來。

判斷形式，掌握關鍵

曹操東征劉備時，人們議論紛紛，擔心出兵後，袁紹若從後方襲來，將使得曹軍進不能戰，退又失去了原來依據的地盤。曹操說：「袁紹的習性遲鈍而又多疑，不會迅速襲擊我們。劉備是新起的勢力，人心還未完全歸附他，只要我們抓緊時機儘快攻打，他必敗。這是生死存亡的關鍵，不可失去時機。」於是，決心出師東征劉備。

袁紹的老臣田豐收到消息，果然勸袁紹：「虎正在捕鹿，熊則進入了虎窩撲虎子。老虎進不得鹿，退得不到虎子。現在曹操征伐劉備，國內正唱空城。將軍有長戟百萬，騎兵千群，應率軍直指許昌，搗毀曹操的老窩。百萬雄師，自天而降，好像舉烈火去燒茅草，又如傾滄海之水澆漂浮的炭火，當可一舉消滅他。兵機的變化在須臾之間，戰鼓一響，勝利在望。曹操聽說我們攻下許昌，必會棄劉備而返回許昌。此時我們已佔據了許昌城面，劉備從城外攻打，最後反賊曹操的腦袋一定會懸掛在將軍的戰旗桿上。

「如若錯失這個機會，曹操歸國之後，休養生息，積存糧食，招攬人才，此後就會是另一種局勢了。現在大漢國運衰敗，綱紀鬆弛。若以曹操凶狠的本性，專制跋扈的勢力，虎狼的慾望，終會釀成篡逆的陰謀。那時，即使有百萬大兵攻打，也不會成功。」袁紹聽後，卻仍以兒子有病，推辭此事，不肯發兵。

田豐用枴杖敲著地歎道：「遇到這樣好的機會，卻因為孩子的緣故而輕易錯失，真是可惜呀可惜！」

袁紹當時佔據北方廣大地區，勢力最大，足以與曹操抗衡。但他外寬內忌，好謀無決，坐失良機，最後果然被曹操打敗。如果袁紹善於把握時機，聽取正確意見，「三國」的歷史也許是另外一個故事。

每個人都是這樣，把握機遇或是坐失良機，均會寫出不同的人生歷史。在人生的某個階段，可能會遇上特別有利的機遇，抓住機遇就可以改變自己的處境，開闢美好的前程；如果放棄有利的機遇，待時過境遷以後再做，就要付出加倍的代價，甚至遺憾終生。

《鹿子．則陽》中說：受凍的人春天才借衣服，中暑的人冬天才吹冷風，這都是時過境遷、無濟於事的愚蠢行為。《易經》上說：「君子藏器於身，待時而動。」「器」就是品德、學識、才幹。這句話的意思就是說，君子要準備好做事的本領。修養品德，增長才幹，這是什麼時候都可以做的準備。採取行動，則要分析形勢，選擇時機。時機不成熟，就無法施展才幹。

賽賽主公說

古人說：「賢人觀時而不觀於時，制兵而不制於兵。」這裡講的就是要觀察時勢，而不要受時勢的限制；要利用兵器，而不要受兵器的制約。要把觀察及利用時勢和採取行動結合起來。

名正言順地實現抱負

武則天本是唐高宗的愛姬。公元六八三年，唐高宗因為頭眩病復發不治身亡。繼位的唐中宗李顯品性庸懦，毫無主見，凡事都對母親武則天言聽計從，就這樣執政大權漸漸落入了武則天手中。

昔日唐高宗在位時，因患有頭眩病，所以自公元六六〇年起，便把大小政事委託給武則天處理，自己則清心養性，武則天也漸漸掌握了朝中大權。高宗一死，繼位的又是她的兒子，想廢黜天子只是一句話而已。因此，武則天不覺雄心萌動，想要嘗試當女皇帝的滋味。

然而，在當時夫權為上的男性社會裡，傳統的男尊女卑觀念早已深入人心，想撼動又談何容易。中宗被廢後，武則天曾故意試探地問群臣：「此後應由何人承續帝位？」

宰相應聲答道：「立豫王李旦為帝。」李旦是武則天和唐高宗所生的小兒子。眾臣眾口一詞，沒有任何人想到座上的女人竟正蠢蠢欲動，想要過過皇帝癮。

群臣的意見讓武則天的心涼了半截，但也替她打了一針清醒劑。她知道，現在還不是做皇帝的時候。

無奈，她只好暫立豫王李旦為唐睿宗，做了掛名皇帝。然而即使是這樣，仍有不少大臣屢屢站出來勸諫，要武則天盡早把權力下放給李旦。李敬業甚至招集十餘萬兵馬，發誓要殺掉這個要篡奪大唐江山的女子。

大文豪駱賓王也揮毫抒憤，寫出了力透素紙，千古名揚的《討武曌檄》，追隨李敬業麾下，兵敗而不知所終。之後仍有許多州縣刺史起兵討武……

面對如此強大傳統觀念的反對力量，武則天心裡明白，雖然此時在朝中，她只要說句話就能坐上皇帝的寶座，但眾人不服，民心不穩，這樣的女皇做了也不會長久，也只能碌碌無為，甚至在歷史上留下惡名。於是，她放眼前途，決定多花些時間大造聲勢，設法改變人們的觀點，改變民眾對女人，尤其對她這個不同於一般女人的敵視態度。

首先武則天表面上裝作歸政於李旦，暗地裡卻讓李旦寫表堅決推辭，而自己則好像是迫不得已才臨朝，掌握皇權。

接著，她又讓侄子武承嗣派人在石頭上刻「聖母臨人，永昌帝業」八個大字，塗成紅色，扔進洛水，再由雍州人唐同泰取來獻給朝廷。武則天本人便親祭南郊，告祭神靈，稱此石為「授聖圖」，改洛水為永昌水。封洛水神為顯聖侯，替自己加號聖母神皇，封唐同泰為游擊將軍，並舉行了聲勢浩大的拜洛受瑞儀式，使人認為她當皇帝乃是奉循上天旨意。

而後，她又暗令高僧法明杜撰了《大雲經》四卷，遍送朝廷內外。《大雲經》中直稱武則天本是彌勒佛的塵世化生，理當代為唐朝主宰。武則天令兩京諸州官吏，使百姓誦讀此經，並特地建寺珍藏。

此外，她又令侍御史傅遊藝率關中百姓九百餘人，來到朝廷上表，懇請武則天親臨帝位。武則天佯裝不答應，卻馬上把傅遊藝升為給事中。如此升官捷徑，哪個人不會傚法？於是，百官宗戚，遠近百姓，四夷酋長，沙門道士競相仿效傅遊藝，上表奏請武則天出來當皇帝。有一次上表人竟多達六萬餘人。

如此大造輿論，大家都覺得武則天做皇帝已是上應天意下順民心，勢所必然。百官群臣也樂得順水推舟，請求武則天早日登位。就連空頭皇帝李旦竟也認為自己這個皇帝根本是搶了母親的位，親自上表請求姓武。

時機成熟之後，武則天這才廢了李旦，親自登基為帝，反對者聲息皆無，她的皇帝大位也就坐穩了。

賽賽主公說

在人生的旅途中要創造屬於自己的機遇，並努力珍惜；有了好機遇，就要及時抓住它，運用它。作為一個聰明的人，應知道在不利的情況下，該如何爭取到最佳時機來實現自己的夢想。

時機成熟才動手

鄭莊公的母親姜氏有兩個兒子，老大叫姬寤生，老二叫共叔段。姜氏對共叔段特別偏愛，幾次請求鄭武公立共叔段為世子，武公都沒有同意。

武公死後，長子姬寤生繼位，是為鄭莊公。姜氏見扶植共叔段的計劃失敗，便請求莊公將京邑封給共叔段，莊公不好再推辭，只好答應了。

鄭大夫知道後，立即面見莊公說：「分封的都城若超過三〇〇丈，就會對國家有害。按照先王的規定，國內大城不能超過國都的三分之一，中城不能超過國都的五分之一，小城不能超過國都的九分之一。現在封共叔在京邑，不合法度，這樣下去恐怕您將控制不住他。」

莊公答道：「母親喜歡這樣，我怎麼能讓她不高興呢？」

大夫又說：「姜氏哪裡有滿足的時候！不如早些想辦法處置，不要使她滋長，蔓延了就很難解決，就像蔓草不能除乾淨一樣。」

莊公沉吟了一會兒說：「多行不義者，必自斃。你姑且等待著吧！」

其實，鄭莊公心裡早已有了對付共叔段的方略。他知道自己現在的力量還不夠強大，共叔段又有母后的支持，要除掉共叔段比較困難，不如先讓他盡力表演，等到其罪惡昭著後，再進行討伐，一舉除之。

共叔段到了京邑後，將自己的封城進一步擴大，還逐漸把鄭國西部和北部一些地方據為己有。

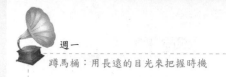

公子呂（鄭國的謀臣）見此情形十分著急，對莊公說：「一個國家不能有兩個國君，現在共叔段就要成為另一個國君了，您要怎麼辦？如果您不想再做國君，那麼就請早下決心，把國家傳給共叔段，讓我奉命於他，如果不傳給他，就請除掉他，不要使人民產生二心。」

莊公回答說：「你不用擔心，也不用除他，他自己將要遭禍的。」

此後，共叔段又將他的地盤向東北擴展到與衛國接壤。此時，大將子封又來見莊公：「應該除掉共叔段了，若他再擴大土地，就要得到民心了。」

莊公都說：「他多行不義，人民不會擁護他。土地雖然擴大，但一定會崩潰的。」

共叔段見莊公屢屢退讓，以為莊公怕他，便更加有恃無恐。他集合民眾，修繕城廓，收集糧草，修整裝備武器，編組戰車，並與母親姜氏約定日期作為內應，企圖偷襲國都，篡國奪權。

莊公對其叔段的一舉一動早已看在眼裡，並有防備。當他得知共叔段與姜氏約定行動的日期後，就命大將子封率領二百乘兵車提前進攻京邑，歷數共叔段的叛君罪行。京邑的人民也起來響應，反攻共叔段，叔段先是棄城而逃，後畏罪自殺，姜氏也因無顏見莊公而離開宮廷。

賽賽主公說

學會忍耐，不僅是對自己耐心的考驗，也是成就大事的根本。忍耐並等待時機，在關鍵的時刻採取正確的行動，就能夠取得事半功倍的成效。

鄭莊公運用「將欲擒之，先予縱之」的謀略，因為莊公考慮到共叔段畢竟是自己的弟弟，如果一開始就對其大加討伐，別人會說他不顧親情，在道義上他會失分。所以他先不斷地讓共叔段滿足自己的貪慾並繼續壞下去，讓民眾都看清共叔段的野心和目的，再順理成章地出兵討伐他。這樣就能輕易地除掉王位的競爭對手了。

該進退時就進退

戰國時候，有一次趙王派孔青帶領大軍救援稟丘。孔青是個猛將，加上足智多謀的寧越輔佐，趙軍一戰大敗齊軍，不僅擊斃齊軍統帥，並俘獲戰車兩千輛。戰場上留下了三萬具齊軍屍體，孔青決定把這些屍體全部封土，堆成兩個大丘，以此彰明趙國的武功。

寧越勸阻道：「這樣做太可惜了，那些屍體可以另有用處。我看不如把屍體還給齊國人，藉此打擊齊國，讓齊軍不再侵犯！」

「死人又不可能復活，怎麼可能打擊齊國呢？」孔青想不通了。

寧越說：「戰車鎧甲在戰爭中喪失殆盡，府庫裡的錢財則在安葬戰死同胞時用光，這就叫做從內部打擊他們。我聽說，古代善於用兵的人，該堅守時就堅守，該進退時就進退。我軍不如後退三十里，給齊國人一個收屍的機會。」

孔青大致明白了寧越的用意，但轉念一想又說：「但是，齊國人如果不來收屍的話，那又該怎麼辦呢？」

「那就更好了，」寧越胸有成竹地說，「作戰不能取勝，這是他們的第一條罪狀；率領士兵出國作戰而不能使之歸來，這是他們的第二條罪狀；給他們屍體卻不收取，這是他們的第三條罪狀。老百姓將會因為這三罪而怨恨齊國的高官將領。居於高位的人也就無法役使下面的人，而下面的人又不願侍奉上位，這就是對齊國的雙重打擊！」

「好，還是您技高一籌啊！」孔青終於完全理解了寧越的良苦用心。

果然不出於寧越所料，齊國因此而元氣大傷，很長時間都無法再對外用兵。

賽賽主公說

寧越的主張看起來好像並不是那麼咄咄逼人，相反，似乎還有點軟弱，有點向齊國讓步。殊不知，這「讓步」裡面卻大有文章，表面上的退讓其實換取的是更大的進步。

不鳴則已，一鳴驚人

戰國時代，齊國有一個名叫淳于髡的人。他的口才很好，常常用一些有趣的隱語來規勸君主，使君王不但不生氣，而且樂於接受。

當時齊國的威王，本來是一個很有才智的君主。但他即位以後，卻沉迷於酒色，不管國家大事，每日只知飲酒作樂，把一切正事都交給大臣去辦，自己則不聞不問。因此，政事不上軌道，官吏們貪污失職，再加上各諸侯國趁機來犯，使得齊國瀕臨滅亡邊緣。雖然，齊國的愛國志士都很擔心，但卻都因為畏懼齊王，而沒有人敢出來勸諫。

其實齊威王自己就是一個很聰明的人，他很喜歡說些隱語，來表現自己的智慧。雖然不喜歡聽別人的勸告，但如果勸告得法的話，他還是會接受。淳于髡知道這點後，便想了一個計策，準備找個機會勸告齊威王。

有一天，淳于髡見到了齊威王，就對他說：「大王，為臣有一個謎語想請您猜一猜。齊國有隻大鳥，住在大王的宮廷中，已經整整三年了，可是他既不振翅飛翔，也不發聲鳴叫，只是毫無目的地蜷伏著。大王您猜，這是什麼鳥呢？」

齊威王本是一個聰明人，一聽就知道淳于髡是在諷刺自己像那隻大鳥一樣，身為一國之尊，卻毫無作為，只知道享樂。而他再也不想當一個昏庸的君王，於是沉吟了一會兒之後，便毅然決定要改過，振作起來，做一番轟轟烈烈的事業。因此，他對淳于髡說：

「嗯，這一隻大鳥，你不知道，它不飛則已，一飛就會衝到天上去；它不鳴則已，一鳴就會驚動眾人，你慢慢等著瞧吧！」

從此，齊威王不再沉迷於飲酒作樂，而開始整頓國政。首先他召見全國的官吏，盡忠負責的就給予獎勵；而那些腐敗無能的，則加以懲罰。結果全國上下很快就振作起來，到處充滿蓬勃的朝氣。

另一方面他也著手整頓軍事，強大武力，奠定國家的威望。各國諸侯聽到這個消息以後都很震驚，不但不敢再來侵犯，甚至還把原先侵佔的土地，都歸還給齊國。

齊威王這一番作為，真可謂是「一鳴驚人」呀！

賽賽主公說

俗話說：「新官上任三把火」。齊威王的火雖然燒得晚了一點，卻能發揮最大熱量。假設他一旦為王就大刀闊斧地進行改革，此時忠奸不辨，處士不舉，靠誰來為自己出謀劃策、鼎力相助呢？隱忍三年，既體察了國情、民情，熟知天下大事，又能識辨忠奸，去除雜萎。齊威王這把火燒得實在是夠聰明。

功成身遂，及時隱退

蔡澤被趙國驅逐，逃亡到韓國和魏國，途中又被人搶走炊具。正落寞之時，聽說秦王應范雎的推選，任用鄭安平、王稽，可是後來兩人都犯下了重罪，使范雎內心慚愧不已。蔡澤便決定西行入秦去拜見秦昭王，並故意事先對人發出豪語，以激怒范雎：「燕國大縱橫家蔡澤，乃是天下雄辯豪傑之士。只要他一見到秦王，秦王必定任命他為相國，替代范雎的地位。」

范雎聽說之後，就派人找來蔡澤。蔡澤見了范雎並未行禮，只是拱了拱手，致使范雎很不高興。談吐之間蔡澤更是倨傲無禮，讓范雎更加火冒三丈，於是責問他說：「你曾揚言將取代我的秦國相國職位，有沒有這回事呢？」

蔡澤回答說：「有。」

范雎說：「那我倒願意聽聽是什麼道理？」

蔡澤說：「唉，閣下為什麼這樣見識淺薄呢！即使是四季的轉移，也是本著『功成身退』的自然法則。一個人活在世界上，手腳健康，耳朵靈敏，眼睛明亮，內心像聖人一樣賢智，這不是每個人都殷切期望的嗎？」

范雎說：「是的。」

蔡澤說：「以仁為禮，以義為則，施恩德於天下，天下人都會因感恩而崇拜他，並且都希望擁護他為君王，這不也都是雄辯家殷切期望的嗎？」

范雎說：「是的。」

蔡澤又說：「既富且貴，善治萬事，使每個人都能盡享天年，每個人都不致夭折。天下人民都能繼承他們的傳統，維護他們的業績，傳給無窮的後代，名實兼而有之，恩澤流傳萬年，受人永遠讚美，和天地同其始終。雖說這不是施仁義的結果，但也是聖人所說的吉祥善事，不是嗎？」

范雎說：「是的。」

蔡澤說：「例如秦國的商鞅、楚國的吳起、越國的文種，他們最後也都完成了他們的願望了嗎？」

范睢知道蔡澤要使自己陷於窘境，於是就這一點回答說：「為什麼沒有完成呢？說起商鞅臣事秦孝公，終身盡忠，絕無二心，公而忘私，賞罰分明，秦國大治，竭盡智能，表露赤心，然而卻招致秦國人的怨恨和責怪。他為秦國而欺騙老朋友，俘虜魏公子卬，最後終於為秦國擒獲魏將而大破魏軍，擴充疆土達一千里之多。吳起臣事楚悼王，絕對不以私損公，更不用讒言來隱蔽忠節，每當遇到應行的大事，就不顧毀譽，一心想要使君王成就霸業，國家富強，而且不畏一切災禍和邪惡勢力。大夫文種，臣事越王勾踐，當君主陷於困辱慘境時，他忠心愛主而不懈怠，君王雖然被敵人俘虜，仍然竭誠盡智沒有背棄國家，而且不誇耀自己的功勞，即使富貴也不驕傲。像以上這三位忠臣，可以說是義行極致和忠貞的典範。所以君子總是能犧牲性命來完成名節，只要是大義所在，雖然犧牲生命也無所懊悔，為什麼不算完成願望呢？」

蔡澤說：「君主聖明，這是國家之福。父親慈愛，兒子孝順，丈夫講信義，妻子有貞節，這是國家之福。然而比干忠君愛國，卻不能維護殷朝的存在；伍子胥雖然賢能，卻不能使吳國保存不滅；申生雖然孝順，而晉國仍然不能避免內亂。這就是雖然有忠臣孝子，國家仍然不免滅亡騷亂。這是什麼道理呢？主要是沒有明君、賢父來採納的緣故。所以天下因為父不仁不義而蒙羞，臣子也因此而難免受其害。假如一定等到死才能盡忠成名，恐怕就連微子也不足成為仁人，孔子也不足成為聖人，管仲也不足以成為偉人。」這時范雎認為蔡澤的話很對。

蔡澤略為停一會兒接著說：「商鞅、吳起、文種，他們為人臣能夠盡忠立功，這都是出於他們的心願。閎夭大臣事周文王，周公輔佐周成王，難道不是盡忠嗎？然而就君臣而論，商鞅和吳起、文種等人，當然還不如閎夭、周公。然而閣下服務的君主與秦孝公、楚悼王、越王勾踐相比，究竟誰更慈愛而又信任忠臣、不欺凌故舊呢？」

范雎說：「不知道。」

蔡澤說：「當然，閣下的君主並不像秦孝公、越王勾踐、楚悼王那樣親信忠臣。而閣下侍奉君主，在平定內亂、消除禍患、排除困難、擴充疆土、發展農業、振興國家、強化君主等方面，威權壓倒全國，功業揚名萬里之外，並沒有超過商鞅、吳起、文種三位名臣。但是閣下的地位和俸祿，以及家中的財富卻都已經超過他們三人，而閣下還是沒有隱退，我深為閣下擔憂。古諺說得對：『太陽升到正午時就開始落，月亮圓到滿盈時就開始虧。』萬物都是盛極而衰，這乃是自然規律。不論是進還是退，不論是伸還是縮，都隨著時間變化，這乃是聖人所認定的常理。

「古時齊桓公九次會合諸侯，矯正天下弊風而使其煥然一新，到葵丘之會，桓公就顯出了驕縱之色，因此就有九個國家背叛他。吳王夫差，自認為天下無敵，因此就輕視諸侯，欺凌齊、晉兩國，到後來國破人亡。夏育、太史啟等人，一聲叱吒能使三軍震撼，然而他們本人卻死於普通人之手。這都是仗恃威權而不深思事物道理的緣故。

「商鞅為秦孝公制度量衡、改革貨幣。廢除井田、重劃土地，教民努力耕種和作戰，因此大軍一出發就拓展疆土，軍隊凱旋而歸使國家富強，所以秦兵無敵於天下，在諸侯之間建立了威權。可是成功之後，竟慘遭五馬分屍之刑。楚國擁有雄兵百萬，然而秦將白起僅僅率領幾萬秦兵，一戰便攻陷楚都鄢和郢，再戰而焚燒夷陵，往南吞併蜀、漢，此外又越過韓、魏攻打強趙，在北方屠殺馬服君及四十多萬兵卒，血流成河，淒慘哀嚎之聲震撼天地，為建立秦國的霸業立下了汗馬功勞。從此以後，趙、楚兩國衰弱下去，再也不敢抗拒秦兵，這都是仰仗白起攻下的城池有七十多座，他雖然為秦國建立了豐偉戰功，可是他卻在杜郵被秦王賜死。吳起為楚悼王改革弊政罷免無能的朝臣，撤銷無用的機構，廢除多餘的官吏，杜絕請客說情的風氣，改良楚國的風俗，往南攻打楊越，往北攻打陳、蔡，摧毀連橫政策，解散合縱之約，讓遊說之士沒有開口的餘地，可算得上是成功了，但可憐的是最後他本人卻死於楚人的亂箭之中，然後再把他分屍洩憤。越大夫文種，為越王勾踐開疆拓土，發展農業，率領四方軍隊和全國上下的人民，擊敗吳國生擒吳王夫差，完成了越國霸王功業，可是到頭來勾踐卻把他殺了。這四位賢臣，都是因為功成而不退，才為自己招來殺身之禍，這就是所謂『伸而不能屈，往而不能返』。只有范蠡深知明哲保身之理，於是就以超然的姿態功成身退，遠離人間的是非之門，駕輕舟渡海遁世，隱姓埋名經商，而成為巨富陶朱公。

「難道閣下沒有看過賭博的人嗎？有時想孤注一擲，有時想步步取勝，相信閣下是最清楚的。如今閣下當了秦國的相國，為了謀劃國家大事而終日忙碌，為了制定策略而不走出朝廷，坐在朝中控制諸侯，威儀施行於三川，藉以充實宜陽，打開羊腸之險，封閉太行要塞，切斷三晉的道路，修棧道千里通往蜀漢之地，使天下諸侯都畏懼秦國，秦王的慾望得到了滿足，您的功勳已無可復加，現在正是分功之時，此刻如果不知及時隱退，商鞅、吳起、文種之禍將不遠矣！您為何不在此時納還相印，虛相國之位以待賢人？這樣既可博取伯夷一樣的美名，又可長享富貴，世代稱孤，更能和仙人王子喬、赤松子一般長壽。這些與日後身遭慘禍，自是天壤之別，你的看法又如何呢？」

范睢深有同感：「先生的說法太有道理了。」於是請蔡澤入座，待以上賓之禮。

過了幾天，范睢入朝拜見昭王，對他說：「有位從山東來的客人蔡澤，其人雄辯，臣閱人無數，更無人與之相比，臣自愧不如。」

於是昭王召見蔡澤，相與言語，昭王十分讚賞，拜為客卿。范睢這時自思後路，便稱病不朝，並且藉病辭官。昭王一再不准，范睢便推言病重。昭王無奈只得允准。昭王對蔡澤的計謀十分欣賞，任命他為相。有了蔡澤的幫助，秦昭王一舉吞併了東周諸國。

蔡澤出任相國沒幾個月，便有人惡意誹謗他，由於恐招致殺身之禍，蔡澤便稱病辭官，得封為剛成君。

賽賽主公說

蔡澤之所以高明，在於能在凡人看到的日常事件背後發掘隱祕和機會。他首先能洞察事物的本質，然後根據規律謀算自己的前途，進行深遠的計劃和安排。正像他向范雎所說的「日中則移，月滿則虧」是自然界的鐵律，盛極則衰、功成身退是人類社會的鐵律，放諸四海皆準。他運用了這個鐵律，說服權臣，使自己在仕途上取得了巨大的成功。

曹劌抗擊齊軍

齊桓公即位後，依靠管仲的幫助，爭取霸主的地位。但是，在他對魯國的戰爭中，卻遭到一次不小的挫折。

齊桓公即位的第二年，也就是公元前六八四年，齊桓公派兵進攻魯國。魯莊公認為齊國一再欺負他們，忍無可忍，決心跟齊國拼一死戰。

齊國進攻魯國，也激起魯國人民的憤慨。有個魯國平民曹劌準備去見魯莊公，要求參加抗齊的戰爭。有人勸曹劌說：「國家大事有大官去操心，您何必插手呢？」

曹劌說：「當大官的目光短淺，未必有好辦法。眼看國家危急，哪能不管呢？」說完，他獨自來到宮門前求見魯莊公。魯莊公正在為沒有謀士發愁，聽說曹劌求見，連忙把他請進來。

曹劌見了魯莊公提出自己的要求，並且問：「請問主公憑什麼去抵抗齊軍？」

魯莊公說：「平時有什麼好吃好穿的，我沒敢獨佔，總是分給大家一起享用。憑這一點，我想大家會支持我。」

曹劌聽了直搖頭說：「這種小恩小惠，得到好處的人不多，百姓不會為這個支持您。」

魯莊公說：「我在祭祀的時候，倒是挺虔誠的。」

曹劌笑笑說：「這種虔誠也算不了什麼，神幫不了您的忙。」

魯莊公想了一下說：「遇到百姓打官司的時候，我雖然不能一件件查得很清楚，但是我會盡可能處理得合情合理。」

曹劌才點頭說：「這倒是件得民心的事，我看憑這一點可以和齊國打上一仗。」

曹劌請求跟魯莊公一起上陣，魯莊公看曹劌胸有成竹的樣子，也巴不得他一起去。兩個人坐著一輛兵車，帶領人馬出發。

齊魯兩軍在長勺（今山東萊蕪東北）擺開陣勢。齊軍仗著人多，一開始就擂響了戰鼓，發動進攻。魯莊公也準備下令反擊，曹劌連忙阻止說：「且慢，還不到時候呢！」

當齊軍擂響第二道戰鼓的時候，曹劌還是叫魯莊公按兵不動。魯軍將士看到齊軍張牙舞爪的樣子，氣得摩拳擦掌，但是沒有主帥的命令，只好憋著氣等待。

齊軍主帥看魯軍毫無動靜，又下令打第三道鼓。齊軍兵士以為魯軍膽怯怕戰，耀武揚威地殺過來。

曹劌這才對魯莊公說：「現在可以下令反攻了。」

魯軍陣地上響起了進軍鼓，兵士士氣高漲，像猛虎下山般撲了過去。齊軍兵士沒料到這一著，招架不住魯軍的凌厲攻勢，敗下陣來。

魯莊公看到齊軍敗退，忙不迭要下令追擊，曹劌又拉住他說：「別著急！」說著，他跳下戰車，低下頭觀察齊軍戰車留下的車轍；接著，又上車爬到車桿子上，望了望敵方撤退的隊形，才說：「請主公下令追擊吧！」

魯軍兵士聽到追擊的命令，個個奮勇當先，乘勝追擊，終於把齊軍趕出魯國國境。魯軍取得反攻的勝利，魯莊公對曹劌鎮靜自若的指揮暗暗佩服，但是心裡總還有個沒打開的悶葫蘆。

回到宮裡，他先慰勞了曹劌幾句，就問：「頭兩回齊軍擊鼓，你為什麼不讓我反擊？」

曹劌說：「打仗這件事，全憑士氣。對方擂第一道鼓的時候，士氣最足；第二道鼓，氣就鬆了一些，到第三道鼓，氣已經洩了。對方洩氣的時候，我們的兵士卻鼓足士氣，哪有打不贏的道理？」

魯莊公接著又問為什麼不立刻追擊。曹劌說：「齊軍雖然敗退，但它畢竟是個大國，兵力強大，說不定他們假裝敗退，在什麼地方設下埋伏，我們不能不防著點。後來我看到他們的旗幟東倒西歪，車轍也亂七八糟，才相信他們陣勢全亂了，所以請您下令追擊。」魯莊公這才恍然大悟，稱讚曹劌想得周到。

賽賽主公說

其實，不一定自己的力量弱、對方的力量強時要忍耐。有時自己力量強大的時候，也要善於忍耐，等待更成熟的時機，好取得更大的突破。

李愬雪夜下蔡州

在唐末各個藩鎮中，淮西是個頑固的割據勢力。公元八一四年，淮西節度使吳少陽死去，他的兒子吳元濟自立。唐憲宗發兵征討淮西，但是他派去的統帥，不是腐朽的官僚，就是自己另有企圖。結果，花了整整三年的工夫，費了大量的財力，都失敗了。朝廷官員都認為不能再打下去，大臣裴度卻認為淮西好比身上長了毒瘡，不可不除。唐憲宗拜裴度做宰相，決心繼續征討淮西。

公元八一七年，朝廷派李愬擔任唐州（今河南唐河）等三州節度使，要他進剿吳元濟的老巢蔡州（今河南汝南）。唐州的將士打了好幾年的仗，都不願再打了，一聽說李愬要來，都有點擔心。李愬到了唐州，就向官員宣佈：「我是個懦弱無能的人，朝廷派我來，是為了安頓地方秩序。至於打吳元濟，不干我的事。」

這個消息傳到吳元濟耳裡。吳元濟因為打了幾次勝仗，本來就有點驕傲，又聽到李愬不懂得打仗，更不把防備之事放在心上了。

此後，李愬便絕口不提打淮西的事，因連年戰爭，唐州城裡有許多生病和受傷的兵士，李愬一家家上門慰問，一點官架子也沒有，將士們都很感激他。

有一次，李愬的兵士在邊界巡邏，碰到一小股淮西兵士，雙方打了一陣，唐軍把淮西兵士打跑了，還活捉了淮西軍的一個小軍官丁士良。丁士良是吳元濟手下的勇將，經常帶人侵犯唐州一帶，唐軍中有很多人都吃過他的虧，非常恨他。這一回活捉了他，大伙都請求李愬把他給殺了，好替死亡的唐軍兵士報仇。

將士們把丁士良押到李愬跟前。李愬吩咐兵士替他鬆綁，好言好語問他為什麼要跟吳元濟鬧叛亂。丁士良本來就不是淮西兵士，而是被吳元濟俘虜過去的，見李愬這樣寬待他，就投降了。

李愬有了丁士良的幫助，打下了淮西的據點——文城柵和興橋柵，先後收服了兩個降將，一個叫李祐，一個叫李忠義。李愬知道這兩人都是有勇有謀的人，推心置腹地信任他們，跟兩人祕密討論攻蔡州的計劃，有時討論到深更半夜。李愬手下的將領為了這件事很不高興，軍營裡傳得沸沸揚揚，都說李祐是敵人派來的內應。有的還說，連被俘虜的敵人探子也供認李祐是間諜。

李愬怕這些閒話傳到朝廷，若唐憲宗聽信了這些話，自己想保李祐也保不住，就向大家宣佈說：「既然大家認為李祐不可靠，我就把他送到長安去，請皇上去發落吧！」

他吩咐兵士替李祐套上鐐銬，押送到長安，一面祕密派人送了一道奏章給朝廷，說他已經跟李祐一起定好攻取蔡州的計劃，如果殺了李祐，攻蔡州的計劃也就告吹了。

唐憲宗得到李愬的密奏，就下令釋放李祐，並且叫他回到唐州協助李愬。李祐回到唐州，李愬見了他，高興極了，握著他的手說：「你能安全回來，真是國家有福了。」說著，立刻派他擔任軍職，讓他攜帶兵器進出大營。李祐知道李愬千方百計保護他，感動得偷偷痛哭。

沒多久，宰相裴度親自到淮西督戰。原來，各路唐軍作戰都有宦官監陣，將領沒有指揮權。打勝仗是宦官的功勞，打敗仗卻輪到將領受罰。裴度到了淮西，發現這個情形，立刻奏請唐憲宗，把宦官監陣權撤銷。將領們聽到這個決定，都很興奮。

李祐向李愬獻計說：「吳元濟的精兵都駐紮在洄曲（今河南商水西南）和四面邊境上，把守蔡州的不過是一些老弱殘兵。我們抓住他的空隙，直攻蔡州，活捉吳元濟應該沒問題。」

李愬派人把這個計劃告訴裴度。裴度也支持他說：「打仗就是要出奇制勝，你們自己看著辦吧！」

李愬命令李祐、李忠義帶領精兵三千充當先鋒，自己親率中軍、後衛陸續出發。除了李愬、李祐等幾個人，誰也不知道要到哪裡去。有人偷偷問李愬，李愬說：「只管朝東前進！」

趕了六十里地，到了張柴村。守在那兒的淮西兵毫無防備，被李祐的先鋒部隊全部消滅。李愬佔領了張柴村，命令將士休息一會之後，留下一批兵士守住張柴村，截斷通往洄曲的路。一切安排妥當，就下令連夜繼續進發。將領們又向李愬請示往哪裡去，李愬這才宣佈：「到蔡州去，捉拿吳元濟！」

將領中有些人曾在吳元濟手裡吃過敗仗，一聽到這個命令，嚇得臉色都變了。監軍的宦官特別膽小，急得哭了起來說：「我們果然中了李祐的奸計了。」

這時候，天色黑漆漆的，北風越刮越猛，鵝毛般的大雪越下越密。從張柴村通往蔡州的路，是唐軍從來沒走過的小道。大家暗暗叫苦，但是，李愬平日治軍很嚴，誰也不敢違抗軍令。

半夜裡，兵士們踏著厚厚的積雪，又趕了七十里，才到了蔡州城邊。正好城邊有一個養鵝鴨的池塘，鵝鴨的叫聲，把人馬發出的響聲掩蓋過去了。

李祐、李忠義吩咐兵士在城牆上挖了一個個凹槽，他們帶頭踏著凹槽爬上城，兵士們也跟著爬上去。此時守城的淮西兵正在呼呼大睡，唐軍趁機把他們殺了，只留著一個打更的，叫他照樣敲梆子打更。接著，打開城門，讓李愬大軍進城。

大軍到了內城，也用同樣的方法順利進去，內城裡的淮西軍完全沒有發覺。雞鳴的時候，天濛濛亮了，雪也止了。唐軍已經佔領了吳元濟的外院，而吳元濟還在裡屋睡大覺呢！有個淮西兵士發現了唐軍，急忙闖進裡屋報告吳元濟說：

「不好了，官軍到了。」

吳元濟懶洋洋躺在床上不想起來，笑著說：「這一定是犯人們在鬧事，等天亮了看我怎麼收拾他們。」

剛說完，又有兵士氣急敗壞地衝進來說：「城門已經被官軍打開了。」

吳元濟奇怪地說：「大概是洄曲那邊派人來找我們討寒衣的吧！」

吳元濟起了床，只聽見院子裡一陣陣吆喝傳令聲：「常侍傳令囉（常侍是李愬的官銜）！」接著，又是成千上萬的兵士的應聲。吳元濟這才害怕地說：「什麼常侍？怎麼跑到這兒來傳令？」說著，帶了幾個親信兵士爬上院牆抵抗。

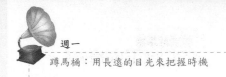

李愬對將士說：「吳元濟敢頑抗，是因為他在洄曲還有一萬精兵，他在等待援軍來救。」

駐洄曲的淮西將領董重質，家在蔡州。李愬派人慰撫董重質的家屬，並派董重質的兒子到洄曲勸降。董重質一看大勢已去，便親自趕到蔡州向李愬投降。

李愬命令將士繼續攻打院牆，砸爛了外門，佔領了軍械庫。吳元濟還想憑著院牆頑抗。第二天，李愬又放火燒了院牆的南門。蔡州的百姓們受夠吳元濟的威勢，都扛著柴草來幫助唐軍，唐軍兵士射到內院裡的箭，密集得像刺蝟一樣。到太陽下山的時候，內院終於被攻破，吳元濟沒有辦法，只好哀求投降。

李愬取得了全勝，一面用囚車把吳元濟押送到長安去，一面派人向宰相裴度報告戰果。裴度、李愬平定淮西、活捉吳元濟的消息傳到河北，使河北藩鎮大為震動，紛紛表示服從政府。唐代藩鎮叛亂的局面總算暫時安定了下來。

賽賽主公說

人如果有一定的才能，只要他能把握住時機，好好地運用，一旦發揮出來，往往有驚人的作為。李愬的成功離不開他看待事物的長遠目光和善於把握時機的能力。

週二

蹲馬桶

用善辯的能力取得成功的機會

善辯的少年拯救全城

外黃小兒是秦朝末年外黃城（今河南省杞縣南）的一個十三歲少年，由於他機智勇敢地說服項羽，從項羽的屠刀下救出了全城的百姓，一直被世人傳頌。可惜的是他沒有留下姓名，後人只好稱他是外黃小兒。

秦朝末年，漢王劉邦和楚霸王項羽互相爭奪天下。一天，漢王劉邦派大將彭越等人襲擊了楚軍的運糧隊。並乘機接連攻下了外黃等十七座城池，還住進了外黃城，給楚軍造成了極大的威脅。

項羽聽了大怒，立即吩咐一位楚軍大將守住成皋，自己則領兵攻打彭越。項羽帶兵攻了好些日子，才把外黃城攻下來。城攻破了，彭越逃走了，可是城裡的老百姓卻面臨著一場災難。

原來項羽對外黃城裡的老百姓幫助彭越守城十分惱怒，進城後便下了一道命令，要把全城十五歲以上的壯丁全都抓起來活埋，以發洩自己的憤怒。

消息傳開後，外黃的百姓非常驚恐，城內一片哭聲，誰都想不出解救親人的辦法。就在這時，一個十三歲的少年挺身而出，走進楚軍軍營要求拜見楚霸王。

項羽聽說有個少年要見他，覺得很奇怪，就吩咐衛兵領他進來。項羽見他眉清目秀，舉止大方，便很喜愛地摸了摸少年的臉，柔和地問道：「你小小年紀，來見我有什麼事情嗎？」

那少年對項羽說：「外黃城的百姓，受了彭越的欺壓，敢怒而不敢言，天天盼望著大王來救他們的性命，他們的心都向著你啊！哪裡知道，大王進城沒有幾天，城裡紛紛傳說大王要把十五歲以上的壯丁全都活埋。我以為大王是個非常仁慈寬厚的人，不會做出這樣的事。而且，如果活埋了全城的壯丁，對大王只會有損名聲，不會帶來好處。所以請大王撤回這道命令，以安定民心。」

項羽一聽，不由得發火：「彭越壓迫外黃老百姓，那完全是真的。可是我領兵攻打外黃，老百姓為什麼還幫助彭越打我？我就不信殺了城內的壯丁，會有什麼壞處！」

少年機智沉著地說：「大王，外黃城的老百姓要是真的幫助彭越守城，那麼你至少還要過一段時間才能進城。怎麼會彭越一走，你就立即進城呢？可見，老百姓並不願意和大王作對。但大王要是活埋全城的壯丁，老百姓還有什麼好講的，只好等死了。不過，外黃城以外，還有許多城池，若那裡的老百姓聽說大王活埋了投降的百姓，就會引起驚恐，今後誰還敢開城門迎接你。即使你本領再強，攻佔這些地方，也要花費很大的力氣和代價。這對你沒有好處，只有壞處。」

這些話真的講到了項羽的心裡，他擔心外黃城以外的老百姓要是都把他當敵人，和劉邦一起來反，那樣，他也就很難取勝了。想到這裡，項羽打消了活埋百姓的念頭，笑著說：「好孩子，你放心吧！我就算有一肚子的氣，見了你這樣伶俐的孩子，氣也沒了。我這就派你傳達我的命令：楚軍赦免老百姓，不再傷害他們。」

外黃城的老百姓聽了這個消息，奔走相告，都非常感激這個機智的少年。讚揚他不顧個人安危，勇敢地替老百姓講話，說服了項羽，救了全城的百姓。

賽賽主公說

中國歷代都非常重視口才，認為一個人有沒有水準，主要表現在說話上。說話水準高是一個人獲得社會認同、上司賞識、下屬擁戴和朋友喜歡最便捷、最有效的方式。

把握分寸，巧言保護自己

戰國時期，晉楚展開大戰，晉軍大敗，知罃被俘。知罃的父親荀首為晉軍大夫，率兵奮戰，射死楚大夫連尹襄老，射傷楚公子谷臣，一併帶回去，預備以後用他們換回知罃。於是，荀首成了中軍統帥。當時晉軍雖敗，但勢力並不虛弱，楚人懼怕荀首的聲威，便答應了晉換回知罃的要求。

楚國王見知罃要回晉國，知道他將來一定能立下大業，原來把他當作罪犯般對待的臉孔，瞬間轉為當朋友的臉孔，在把知罃送出城時，他滿面和氣地問：「你會怨恨我吧！」

知罃回答道：「兩國之間作戰，是因我能力不足，才淪為俘虜。大王不把我殺死用血塗在戰鼓上激勵將士，這是大王的恩惠，我哪裡還敢怨恨你呢？」

楚王聽了這話很為得意，進而問道：「既然如此，那麼你將會感激我的恩德嗎？」

知罃正色答道：「兩國都是為國家利益打算，使百姓安心度生，現在晉楚二國既已和好，各自後悔當初的怨恨，不應互相為敵，那麼就應互相寬恕為是。現在我們兩國都力求這樣做，雙方互釋戰囚以成其好。兩國之間的政事，既與我私人無關，我何來感激誰呢？」

楚王又問：「你這番話有點不對，明明是要換你回去，可你卻說與你無關，但這畢竟是兩國之間大事，那麼，你回去之後如何報答我的恩情呢？」

知罃說：「臣無從受怨，也無從受德，無怨無德，不知所報。」

楚王笑著說：「這是哪來的話。」

知罃說道：「若是我的國君把我殺掉，我就算身死，這個大恩也是不會腐朽的。假使聽從你的好意而免我一死，並以此賜給我的父親荀首，若他把我戮於宗廟，我雖死掉，你的恩德也會不朽。假使輪到我擔任國家大事，帶領軍隊保衛邊疆時，如果碰上楚國的將帥，我也不會避而不打，我會不惜犧牲地去拚殺，沒有二心，以此來盡我的為臣之禮，這就是我對大王的回報。」

楚王從知罃口中得不到什麼千金許諾，但知罃的話句句入情入理，不好反駁，只好送知罃回去，歎口氣說：「晉未可與之爭。」

賽賽主公說

知罃在楚王進行盤問索要報答時，還在他人手中，然而知罃並未故作媚態，強作歡顏，而是以禮相待楚王，這個禮，便是他應盡的臣子之禮。他的言語很有分寸，沒有絲毫過度，也無絲毫不周。就這樣，他依靠超人的口才，巧妙地保護了自己的利益。為人處世最難做到的事情之一就是臨危不懼、威武不屈。這不僅需要膽量，更需要智慧。

堅持不懈，多下工夫

李泌在唐代中後期政壇上，是一位頗有名氣的人物。他歷仕玄宗、肅宗、代宗、德宗四代皇帝，在朝野內外很有影響力。

唐德宗時，他擔任宰相，西北的少數民族回紇出於對他的信任，要求與唐朝講和，結為姻親，這可替李泌出了個難題。

從安定國家的大局考慮，李泌是主張與回紇恢復友好關係的。可德宗皇帝因早年在回紇人身上受過羞辱，對回紇懷有深仇大恨，堅決拒絕了此事，就這樣事情便僵在那裡。正巧在這時，駐守西北邊防的將領向朝廷發來告急文書，要求為邊防軍補充軍馬，此時的大唐王朝已經空虛得沒有力量了，唐德宗對此事一籌莫展。

李泌覺得這是一個可以利用的時機，便對德宗說：「陛下如果採用我的主張，幾年之後，馬的價錢會比現在低十倍！」

德宗忙問什麼主張，他不直接回答，先賣了個關子說：「只有陛下出於至公無私之心，為了江山社稷，屈己從人，我才敢說。」

德宗說：「你怎麼對我還不放心！有什麼主張就快快說吧！」

李泌這才說：「臣請陛下與回紇講和。」

這果然遭到了德宗的拒絕：「別的主張我都能接受，只有回紇這件事，你再也別提。只要我活著，決不會和他們講和，我死了之後，子孫後代怎麼處理，那是他們的事！」

李泌知道，好記仇的德宗皇帝是不會輕易被說服的，如果操之過急，言之過激，不只辦不成事情，還會招致皇帝的反感，替自己帶來禍殃。他便採取了逐漸滲透的辦法，在前後一年多的時間裡，經過多達十五次的談話，總算將德宗皇帝說服。

李泌又出面向回紇族的首領遊說，使他們答應了唐朝的五條要求，並對唐朝皇帝稱兒稱臣。這樣一來，唐德宗既擺脫了困境，又挽回了面子，十分高興，唐朝與回紇的關係終於得到和解，這完全是由李泌歷經艱苦，一手促成的。

賽賽主公說

如果你的觀點是對的，一時說服不了人家，你很可能會犯下過於心急的毛病。當然，如果人家聽了你的說服，立刻點頭叫好，改弦易轍，並稱讚你「一言驚醒夢中人」，這自然是最好不過的。但實際上，這樣的情況並不多見。別人的看法、想法、做法，不是一天形成的。因此想要改變他人的觀念，也需要時間。

不說話戰術

戰國時代，秦昭襄王第一次召見范睢時，昭襄王在位已三十六年，但國家軍政權力卻依然掌握在母親宣太后和叔叔穰侯手中，使得昭襄王無法獨立執政，實行變革。范睢就是在這時到達秦國的，他先向昭襄王上書，說自己有辦法使秦國強大，還暗示了該如何處理昭襄王與宣太后及穰侯之間的問題。

昭襄王召見范睢的那天，范睢故意事先在接見的地點四處閒逛，昭襄王駕到時，侍臣看到有人在附近閒逛，便喊道：「大王駕到，迴避！」

范睢這時故意提高聲音說道：「秦國哪有什麼大王，只有宣太后和穰侯而已！」這話正好擊中了昭襄王積壓在心中許久的心病。他有些不安地接見范睢，對他說：「早該拜見先生的，只是政務煩心，每天要去請示太后，所以拖到現在。我生性愚鈍，請先生不要客氣，多加教誨。」

但范雎一言不發，仍若無其事地向四周顧盼著。大廳內靜悄悄的，氣氛十分凝重。左右群臣們都有些不安地看著事態的發展。昭襄王猜想可能是由於眾臣在場，范雎有所不便，就摒退眾臣，但范雎仍然一言不發。

昭襄王於是又問道：「先生請賜教於我？」

范雎開了口說：「是，是。」

停了一會兒，秦王又一次請教，范雎仍只是說：「是，是。」

如此重複了好幾次。

後來，昭襄王長跪不起說：「先生不肯指教我嗎？至少也該解釋一下為什麼一言不發吧！」

這時，范雎才拜謝道：「不敢如此。」於是滔滔不絕地談下去。他談的主要內容即是著名的「遠交近攻」策略，同時也談及太后、穰侯等人獨斷專權、架空昭襄王一事，並提出應對策略。

秦昭襄王聽了范雎的話之後，十分讚賞，馬上任命他為顧問。幾年後，又讓范雎做了秦國宰相。

范雎別出心裁的說服方法，確有其妙不可言的獨特效力。沉默使昭襄王摒退了眾臣，也使昭襄王懷著驚異而又專注的心情，來傾聽范雎的意見，並增加對他的敬重之意。

賽賽主公說

說服別人的時候，不一定要口若懸河、滔滔不絕，有時，沉默反而能取得「此時無聲勝有聲」的效果。由於在會見之前，范雎已出其不意地點明了昭襄王憂心的事，所以不用擔心自己不言而昭襄王會不再求問。正是有了這種十足的把握，他才敢採用沉默的方法。

說服的關鍵在於說「理」

在戰國時代，小國林立，各諸侯國之間爭土奪疆之事時有發生。此時正是恃強凌弱，弱肉強食的戰亂年代。

其中，魯國國力較弱，卻與齊國相鄰。齊國勢力強大，名列五霸之一，專好逞強施橫。魯國經常無故受到齊國的壓迫，卻又無力自衛，好不狼狽。

魯國國王為此憂心如焚，卻一時想不出什麼好辦法，便將自己的兒子送到晉楚兩國當作人質，以求加強與這兩個國家的關係。魯王以為這樣做，在將來齊國進兵侵略或者有其他緊急事情發生時，可以去請晉楚兩國派兵援助。

但是，當大臣黎矩知曉此事之後，急忙趕來進諫，對魯王說：「大王，臣聞大王要將王子送往晉楚兩國當作人質，不知可確有此事？」

魯王點點頭道：「不錯，孤王是有這個打算，現已讓兩個王兒收拾妥當，即日便可起程。」

黎矩聽完趕緊向魯王進言：「大王，臣愚拙，覺得此事不妥，臣認為兩個王子不能去晉楚當人質，還望大王三思」。

魯王聽完便是一驚，探身問道：「卿何出此言？孤王送兩個王兒去晉楚當人質，並不是為了別的，卿難道不曉得齊國欺我太甚，無奈我們勢力不夠，難以與之抗衡，只有找些援助。晉楚兩國實力強盛，是很好的選擇。如果我們能夠與他們友好相處，以後齊國再進犯，我們便可以請晉楚兩國前來援助，怎麼，這有什麼不妥嗎？」

黎矩一聽，微微地笑了，輕聲問魯王：「大王，如果現在有一個人不幸落水，眼看著就要淹溺喪命，即使去請最擅長游泳的越國人來救他，恐怕也來不及了。再者，假設這裡不幸發生了火災，我們卻要鑿渠挖河去引海水滅火，大王可想而知，結果會是怎樣。人常說『遠水救不了近火』，不管晉楚兩國如何強大，但它們距離魯國的路程遙遠，一旦我們遭人攻擊，想要求助，也不會有什麼大希望。換句話說，縱然晉楚兩國盡心救助，也不可能招而即至，總需費些時日，等到他們趕到時恐怕我們早已身首異處，何談救助與否。大王送王子去作人質豈非徒勞而無功？」

魯王聽完，一時又沒了主意，問黎矩道：「那麼，依卿之見，孤王只有甘心受欺受辱，任人宰割了嗎？」

黎矩回答道：「大王也不必著急，以微臣愚見，竊以為大王應努力與附近鄰國聯合起來，共抗強齊。向晉楚求援，倒不如求助鄰邊的小國。」

魯王不住地點頭，遂而採納了黎矩的建議。

在巧用類比，以事喻理方面，戰國時的宋玉與黎矩比起來也毫不遜色。

戰國末年，楚國的頃襄王經常聽到有人說宋玉的壞話，於是就把宋玉召來，當面問他：「先生恐怕是有一些行為不夠檢點的地方吧？不然，為什麼各個階層都有人對你不滿呢？」

聰明的宋玉一聽這話，知道大事不好，災難就要臨頭了，趕緊伏在地上，誠惶誠恐地說：「是的，大王說的也許都是事實。但我還是請大王寬恕我的罪過，容我把話說完。」

頃襄王答應了宋玉的請求，宋玉就講了一個故事——在先王的時代，有位歌唱家來到楚國的郢都，當他開始演唱通俗歌曲《下里》和《巴人》時，有幾千人聚在一起隨聲和唱；接下來他唱起了民謠《陽阿》和《薤露》，這時能跟著和唱的還有幾百人；最後他唱起了經典樂曲《陽春》和《白雪》，這時還能跟著哼哼的就只剩幾十人了；而當這位歌唱家將五音的美妙發揮到了極致，創造出一種悠揚婉轉、令人陶醉的意境時，仍能欣賞和跟唱的就只有幾個人了。請問，這是什麼原因呢？它說明歌曲越是經典深奧，能跟隨和唱的人就會越少。

故事講完之後，宋玉偷眼看了一下頃襄王的神情，只見他若有所思，頻頻點頭。宋玉心裡有底了，於是更是放開膽子，高談闊論起來——所以呀，在鳥類中有鳳凰，在魚類中有大鯤。鳳凰振翅高飛，可達九千里雲天，那些在籬笆間跳躍的小鳥，又哪裡能像鳳凰一樣知道天高地大呢？大鯤清晨從崑崙山腳出發，中午來到渤海灣的碣石處曬太陽，傍晚又到孟諸湖去歇息，那些只會在小水塘裡打滾的小鯢，又怎麼能像大鯤這樣探測江闊海深呢！其實，豈止是在鳥類中有鳳凰，魚類中有大鯤，人類中不也有一些特殊的人物嗎？他們美好的思想和行為都超出於一般民眾之上，那些凡夫俗子們，又怎麼可能理解我的所作所為呢？

宋玉的這番辯解，終於使頃襄王改變了對他的看法，並因此而避免了一時的禍患。

賽賽主公說

「有理走遍天下。」說服別人的關鍵在於把「理」說透。「理」性愈強，愈要注意讓事實講話、佐證，否則就會因對象缺乏感性體驗，而影響了對「理」的理解、消化和吸收。因此，高明的說客常常採用類比的手法，用事實論證大道理，把道理講清晰。歷史上的著名說客，大多擅長此道。

用激將法說服別人

三國時代諸葛亮的激將法就已臻化境，爐火純青。

公元二〇八年，曹操親率二十多萬大軍南征。江東的孫權搖擺在抗曹與降曹兩種選擇之間。經過魯肅的建議，孫權有意聯合劉備對付曹操；這時諸葛亮也與劉備商量聯孫抗曹，他在分析了江東當時的處境和可能出現的對策之後，料定孫權方面會派人前來試探。果然，魯肅的來到，成為諸葛亮開展出色外交談判的起點。

諸葛亮聽說江東來人，便高興地說：「大事濟矣！」接著十分慎重地叮囑劉備，凡來人提及與曹操作戰的問題，都推給他諸葛亮來回答。他不僅要從來人的談話中捕捉形勢，而且還打算透過傾心交談結交朋友。

結果，直率的魯肅在諸葛亮的打探之下，透露出江東投降的傾向與抗曹勢力的現狀，和決策者孫權目前害怕曹操兵多將廣、不敢決策抗曹的心態，並且自告奮勇，願意充當諸葛亮出使江東鼓動抗曹的引薦人。後來的史實證明，在江東談判中，魯肅確實扮演了穿針引線和彌合裂縫的作用，給予諸葛亮很大的支持。

諸葛亮在見到江東決策人物之前，首先遭遇到的是一批力主降曹、膽怯自私的文官。他們雖非決策人物，但對孫權所做的決策有重大的影響；尤其是主謀張昭，曾經是江東第二代創業者、孫權的哥哥孫策臨終時指定他為處理江東內政的主要決策顧問。這些人的投降主張已經嚴重地干擾孫權抗曹的決心，諸葛亮採用了快刀斬亂麻的果斷手法，對各種不利於孫劉聯兵抗曹的言論，一駁到底，不拖泥帶水。

很快，諸葛亮與孫權直接會談。他看到孫權「碧眼紫髯，堂堂一表」，立即判斷對手有很強的自尊，「只有激，不可說」。對待這位江東的最高權威人物，諸葛亮針對他當時在戰與降之間舉棋不定的矛盾心態，不但把曹操的實力格外加碼地描述了一番，而且一點也不委婉地建議他，如果不能早下抗曹決心，不如乾脆投降。孫權不甘屈辱，立即回敬一句：「誠如君言，劉豫州何不降曹？」於是諸葛亮抓住這個話頭，毫不猶豫地拋出一枚令對方難以承受的重磅炸彈：「昔田橫，齊之壯士耳，猶守義不辱。況劉豫州王室之胄，英才蓋世，眾士仰慕。——事之不濟，此乃天也，又安能屈處人下乎！」這枚炸彈既是對孫權的強大刺激，也是對孫權的有力鞭策，當然還是劉備一方對抗曹的堅定表態。此時，被觸犯了尊嚴的孫權「不覺勃然變色，拂衣而起，退入後堂」。

在魯肅的斡旋下，諸葛亮與孫權的談判迅速恢復，並且孫權很快妥協，事實證明了這枚重磅炸彈的有效威力。很顯然，諸葛亮是懷著破釜沉舟的心情向孫權展開強大攻勢的，這完全符合當時形勢對雙方的要求。

在最精采也最關鍵的一刻與周瑜的談判中，諸葛亮善於撥弄對手弱點的戰術發揮到了極致。周瑜是對孫權決策影響最大的人物，一旦抗曹開始，他必然也是主帥，諸葛亮必須激起他的強烈抗曹願望。於是巧奪天工地利用曹植《銅雀台賦》中「攬『二喬』於東南兮，樂朝夕之與共」的句子，誑稱曹操有染指孫策遺孀大喬和周瑜妻子小喬的念頭。這不啻是在周瑜最敏感的部位砍了一刀，還把一個正故作深沉、得意洋洋地對諸葛亮演戲的周瑜刺得頃刻之間離座而起，將自己與曹操勢不兩立的意願和盤托出。諸葛亮就此圓滿完成了出使江東的重要使命。

賽賽主公說

一個平庸的談判家很難有如此的膽識，因為這要冒著整個談判可能夭折和失敗的危險，替自己這一方帶來嚴重的損害。但是，諸葛亮絕不是徒逞一時口舌之快而意氣用事的人，他之所以敢這樣做，完全是確認孫權絕不肯輕易降曹的緣故。應該說，諸葛亮對這種「破壞性的試驗」，心中還是有底限的，正如他後來用《銅雀台賦》激怒周瑜一樣，都取得了別人意想不到的正面效果。所有的成果，都與其善辯的言辭和善於把握時機的能力密不可分。

正話反說以說服人

楚莊王十分愛馬，他最心愛的那幾匹馬，尤其過著令人想像不到的優裕生活。那幾匹馬住在豪華的廳堂裡，身上披著美麗的錦緞，晚上睡在非常考究的床上，它們吃的是富有營養的棗肉，伺候馬的人數竟還是馬的三倍。

由於這些馬養尊處優，又不出去運動，其中有一匹馬因為長得太肥而死去了。這可真讓莊王傷心極了，他決定為這匹馬舉行隆重的葬禮。

一是命令全體大臣向死馬致哀，二是用高級的棺槨以安葬大夫的標準來葬馬。大臣們實在難以接受楚莊王這些過分的決定，他們紛紛勸阻莊王不要這麼做。可是楚莊王完全聽不進去，還生氣地傳下命令：「誰要是敢再來勸阻我葬馬，一律斬首不饒。」

優孟是個很有智慧的人，聽說這件事後，他徑闖進宮去，見到楚莊王便大哭起來。楚莊王吃驚地問：「你為什麼哭得這麼傷心呀？」

優孟回答說：「大王心愛的馬死了，實在讓人傷心，要知道那可是大王所鍾愛的馬呀，怎麼能只用大夫的葬禮來辦喪事呢？這實在太輕視了。應該用國君的葬禮才對啊！」

楚莊王問：「那你認為應怎樣安排呢？」

優孟回答：「依我看，應該用美玉做馬的棺材，再調動大批軍隊，發動全城百姓，為馬建造高貴華麗的墳墓。到出殯那天，要讓齊國、趙國的使節在前面開路；讓韓國、魏國的使節護送靈柩。然後，還要追封死去的馬為萬戶侯，為牠建造祠廟，讓馬的靈魂長年接受封地百姓的供奉。這樣，天下所有人才會知道，原來大王是真正愛馬勝過一切的。」

楚莊王頓時醒悟，非常慚愧地說：「我是這樣地重馬輕人嗎？我的過錯可真的是不小呀！你看我該怎麼辦才好呢？」

優孟心中高興了，趁著楚莊王醒悟的機會，俏皮地回答：「太好辦了。我建

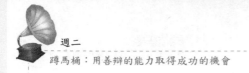

議，以爐灶為停，大銅鍋為棺，放進花椒佐料、生薑桂皮，把火燒得旺旺的，讓馬肉煮得香噴噴的，然後全部填進大家的肚子裡就是了。」

一席話說得楚莊王也哈哈大笑起來。從此他改變了原來愛馬的方式，把養在廳堂裡的馬全都交給將士們使用，那些馬也得以經風雨、見世面，鍛鍊得強壯矯健。

以優孟地位之微，如果直陳利弊，凜然赴義，固然令人肅然起敬。然而他正話反說，力挽狂瀾，所作所言則更令人敬佩。

晏子在輔佐齊景公時，也經常透過這種正話反說的方法，迫使齊景公改變一些荒謬的決定。比如，一個馬伕有一次殺掉了齊景公曾經騎過的老馬，原來是那匹馬生了病，久治不癒，馬伕害怕那匹馬把疾病傳染給馬群，就把這匹馬給宰殺了。齊景公知道後，心疼死了，就斥責那個馬伕，一氣之下竟親自操戈要殺死這個馬伕。馬伕怎麼也沒想到國君會為了一匹老病馬想殺了自己，嚇得早已面如土色。

晏子在一旁看見了，急忙抓住齊景公手中的戈，對景公說：「你這樣急著殺他，害他連自己的罪過是什麼都不知道就死了。我請求為他歷數罪過，然後再殺也不遲。」

齊景公說：「好吧！我就讓你處置這個混蛋。」

晏子舉著戈走近馬伕，對他說：「你為國君養馬，卻把馬給殺掉了，此罪當死。你使國君因為馬被殺而不得不殺掉養馬的人，此罪又當死。你使國君因為馬被殺而殺掉了養馬人的事，傳遍四鄰諸侯，使得人人皆知我們國君愛馬不愛人，得一不仁不義之名，此罪又當死。鑑於此，非殺了你不可。」

晏子還要再說什麼，齊景公連忙說：「夫子放了他吧！免得讓我落個不仁的惡名，讓天下人笑話。」就這樣，馬伕被晏子巧妙地救了下來。

在很多時候，正話反說可以放大荒謬，讓人更明白地見到荒謬的真面目，從而達到更好的勸諫效果。

賽賽主公說

正話反說便是以委婉的說話方式，欲擒故縱，取得合適的發話角度，以達到比直言陳說更為有效的說服效果。在很多特定的時刻，有些話是絕對不允許說出來的，為了避免尷尬，不妨從反面說起。因為真理再向前一步就可能變成謬誤；反面的話稍加引申，就可能走到反面的另一邊。

正氣凜然、咄咄逼人的說服方式

馮玉祥任職陝西督軍時，得知有兩個外國人私自到終南山打獵，打死了兩頭珍貴的野牛，馮玉祥把他們召到西安，責問道：「你們到終南山行獵，和誰打過招呼？領到許可證沒有？」

對方回答：「我們打的是無主野牛，用不著通報任何人。」

馮玉祥聽了，帶著怒氣說：「終南山是陝西的轄地，野牛是中國領土內的動物，怎麼會是無主呢？你們不經批准私自行獵，就是違法。」

兩個外國人狡辯說：「這次到陝西，在貴國發給的護照上，不是准許帶槍嗎？可見我們打獵已經獲得貴國政府的許可，怎麼是私自打獵呢？」

馮玉祥將軍反駁說：「准許你們攜帶獵槍，就是准許你們打獵嗎？若准許你們攜帶手槍，難道就表示你們可以在中國境內隨意殺人嗎？」

其中一個外國人不服氣，繼續說：「我在中國十五年，所到的地方沒有不准打獵的。再說，中國的法律也沒有規定外國人不准在境內打獵。」

馮將軍冷笑著說：「的確是沒有規定外國人不准打獵的條文。但是，難道就有准許外國人打獵的條文嗎？你十五年沒遇到官府的禁止，那是他們昏庸。現在我身為陝西的地方官，我不昏庸，我負有國家人民交託的保家衛國之責，就非禁止不可。」聽著馮玉祥咄咄逼人、理直氣壯的話語，看看他的凜然正氣，兩個外國人發毛了，只好承認了錯誤。

賽賽主公說

正氣凜然、咄咄逼人的說服方式的確具有非凡的效果，只是要把握好分寸，不到萬不得已，或對方實在刁蠻時，最好不要用，因為這樣會顯得氣氛緊張，雙方的關係也容易鬧僵。

墨子言語破雲梯

戰國初年，楚國的國君楚惠王想重新恢復楚國的霸權。他擴大軍隊，要去攻打宋國。

楚惠王重用了一個當時最有本領的工匠。他是魯國人，名叫公輸班，也就是後來的魯班。公輸班使用斧子最靈巧了，誰若想跟他比一比使用斧子的本領，那就是不自量力。所以後來有個成語，叫做「班門弄斧」。

公輸班被楚惠王請去當楚國的大夫。他替楚王設計了一種攻城的工具，比樓車還要高，看起來簡直可以碰到雲端似的，所以叫做雲梯。

楚惠王一面叫公輸班趕緊製造雲梯，一面準備向宋國進攻。楚國製造雲梯的消息一傳揚出去，列國諸侯都有點擔心。

特別是宋國，聽到楚國要來進攻，更加覺得大禍臨頭。

楚國想進攻宋國的事，也引起了一些人的反對，其中反對得最厲害的是墨子。

墨子，名翟，是墨家學派的創始人，他反對鋪張浪費，主張節約；他要他的門徒穿短衣草鞋，參加勞動，視吃苦為高尚的事。如果不刻苦，就算違背他的主張。

墨子還反對為了爭城奪地而使百姓遭到災難的混戰，這回他聽說楚國要利用雲梯攻打宋國，就急急忙忙親自跑到楚國去，跑得腳底起了泡，出了血，他就把自己的衣服撕下一塊裹著腳走。

這樣奔走了十天十夜，到了楚國的都城郢都。他先去見公輸班，勸他不要幫助楚惠王攻打宋國。

公輸班說：「不行呀！我已經答應楚王了。」

墨子就要求公輸班帶他去見楚惠王，公輸班答應了。

在楚惠王面前，墨子很誠懇地說：「楚國土地很大，方圓五千里，地大物博；宋國土地不過五百里，土地並不好，物產也不豐富。大王為什麼有了華貴的車馬，還要去偷人家的破車呢？為什麼要扔了自己的繡花綢袍，去偷人家一件舊短褂子呢？」

楚惠王雖然覺得墨子說得有道理，但是仍不肯放棄攻宋國的打算。公輸班也認為用雲梯攻城很有把握。

墨子直截了當地說：「你能攻，我能守，你也佔不了便宜。」

他解下了身上繫著的皮帶，在地下圍著當做城牆，再拿幾塊小木板當做攻城的工具，叫公輸班來演習一下，比一比本領。

公輸班每採用一種方法攻城，墨子就展現一種方法守城。一個用雲梯攻，一個就用火箭燒雲梯；一個用撞車撞城門，一個就用滾木擂石砸撞車；一個用地道，一個用煙燻。

公輸班用了九套攻法，把攻城的方法都使完了，可是墨子還有好些守城的高招沒有使出來。

公輸班呆住了，但心裡還不服：「我已經想出辦法要來對付你了，不過現在不說。」

墨子微微一笑說：「我知道你想怎樣對付我，不過我也不說。」

楚惠王聽兩人說話像打啞謎一樣，被弄得莫名其妙，便問墨子說：「你們究竟在說什麼？」

墨子說：「公輸班的意思很清楚，他想要把我殺掉，以為殺了我，宋國就沒有人幫助他們守城了。其實他打錯主意了。我來到楚國之前，早已派了禽滑釐等三百個徒弟守住宋城，他們每個人都熟知我的守城辦法。即使把我殺了，楚國也佔不到便宜。」

楚惠王聽了墨子一番話，又親自看到墨子守城的本領，知道要打勝宋國沒有希望，只好說：「先生的話說得對，我決定不進攻宋國了。」

就這樣，一場戰爭被墨子阻止了。

賽賽主公說

「知己知彼、百戰百勝」這句老話，是很有道理的。戰爭如此，說服人也必須如此。在說服對方之前，必須透徹瞭解被說服對象，以便針對其進行說服工作。

張儀拆散聯盟

自從孫臏打敗魏軍後，魏國失了勢，秦國卻越來越強大。秦孝公死後，他兒子秦惠文王掌了權，不斷擴張勢力，引起了其他六國的恐慌。為了對付秦國的進攻，一些政客便幫六國出主意，主張六國結成聯盟，聯合抗秦。這種政策叫做「合縱」。還有一些政客幫助秦國到各國遊說，要他們靠攏秦國，去攻擊別的國家。這種政策叫做「連橫」。其實這些政客根本沒有固定的政治主張，只不過憑著他們能說會道的嘴皮子混飯吃。不管哪國諸侯，不管哪種主張，只要誰能給他大官做就行。

在這些政客中，最出名的要數張儀。張儀是魏國人，因為魏國過得窮困潦倒，便跑到楚國去，楚王沒接見他，倒是楚國的令尹把他留在家裡作門客。有一

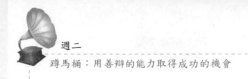

次，令尹家裡丟失了一塊名貴的璧。看張儀家窮，懷疑是被張儀偷去，便把張儀抓起來打個半死。

張儀垂頭喪氣地回到家裡，他妻子撫摸張儀滿身的傷痕，心疼地說：「你要是不讀書，不出去謀官做，哪會受這樣的委屈！」

張儀張開嘴，問妻子說：「我的舌頭還在嗎？」

妻子說：「舌頭當然還在。」

張儀說：「只要舌頭在，就不愁沒有出路。」

後來，張儀到了秦國，憑他的口才，果然得到秦惠文王的信任，當上了秦國的相國。這時候，六國正在組織合縱。公元前三一八年，楚、趙、魏、韓、燕五國組成一支聯軍，攻打秦國的函谷關。表面上看來五國聯合抗秦，其實內部也有矛盾，很難齊心協力，秦軍一反擊，五國聯軍就失敗了。

在六國之中，齊、楚兩國是大國。張儀認為若要實行「連橫」，就非把齊國和楚國的聯盟拆散不可。他向秦惠文王獻策之後，就被派到楚國去了。

張儀到了楚國，先拿貴重的禮物送給楚懷王手下的寵臣靳尚，求見楚懷王。

楚懷王聽說張儀的名氣，便認真地接待他，並且向張儀請教。

張儀說：「秦王特地派我來跟貴國交好。要是大王下決心跟齊國斷交，秦王不但願跟貴國永遠和好，還願意把商於（今河南淅川縣西南）一帶六百里的土地獻給貴國。這樣一來，既削弱了齊國的勢力，又得了秦國的信任，豈不是兩全其美。」

楚懷王是個糊塗蟲，經張儀遊說，就高興地說：「秦國要是真的這麼辦，我何必非要拉著齊國不放呢？」

楚國的大臣們聽說有這樣便宜的事，都向楚懷王慶賀。只有陳軫提出反對意見，他對懷王說：「秦國為什麼要把商於六百里地送給大王呢？還不是因為大王跟齊國訂了盟約！楚國有了齊國為盟，秦國才不敢來欺負咱們。要是大王跟齊國絕交，秦國不來欺負楚國才怪呢！秦國如果真的願意把商於的土地讓給咱們，大王不妨派人先去接收。等商於六百里土地到手以後，再跟齊國絕交也不算晚。」

但楚懷王聽信張儀的話，拒絕陳軫的忠告，一面跟齊國絕交，一面派人跟著張儀到秦國去接收商於。

齊宣王聽說楚國和齊國絕交，馬上派使臣去見秦惠文王，約他一同進攻楚國。楚國的使者到咸陽去接收商於，想不到張儀翻臉不認帳：「沒有這回事，大概是你們大王聽錯了吧！秦國的土地哪能輕易送人呢？我說的是六里，不是六百里，而且是我自己的封地，不是秦國的土地。」

使者回報後，楚懷王氣得直翻白眼，立刻發兵十萬人攻打秦國。秦惠文王也發兵十萬人迎戰，同時還約了齊國助戰。結果楚國被打得一敗塗地，十萬兵馬只剩了兩三萬，不但商於六百里地沒到手，連楚國漢中六百里的土地也被秦國奪去了。楚懷王只好忍氣吞聲地向秦國求和，楚國從此元氣大傷。

張儀用善辯的言辭收服了楚國，後來又先後到齊國、趙國、燕國，說服各國諸侯「連橫」親秦。這樣，六國的「合縱」聯盟終於被張儀拆散了。

賽賽主公說

說話的能力是成名的捷徑，它能使人顯赫，鶴立雞群。能言善辯的人，往往使人尊敬，受人愛戴，得人擁護。它使一個人的才學充分拓展，熠熠生輝，事半功倍，業績卓著。

週三

蹲馬桶

學會自我保護避免受傷

在任何情況下都保持自尊

春秋時，子產輔佐鄭簡公到晉國去，晉平公因為要務纏身而沒有接見他們。子產便派人把賓館的圍牆全都拆毀，把自己的車馬放進去。

晉國大夫士文伯聽說了，大吃一驚，責備子產：「敝國是諸侯的盟主，修建館舍圍牆，是用來接待賓客的。如果把圍牆都拆了，怎麼能滿足賓客的要求呢？我們國君派我來問你們拆牆的理由。」

子產回答說：「敝國國土狹小，處在大國的中間。大國不定時責求我們交納貢物，所以我們不敢安居度日，只有搜尋敝國的全部財物，以便隨時前來朝見貴國。卻剛巧碰上您沒有空無法會面，又沒有得到命令無法得知朝見的日期。但我們不敢逕自進獻財物，又不敢把它們露天存放。要是已經進獻了則已，那畢竟已成了貴國君王府庫中的財物。可是現在沒有進獻的儀式，我們當然不敢進獻。如果把禮物露天存放，又怕日曬雨淋腐爛生蟲，加重敝國的罪過。所以才把牆拆了，放在裡面。」

接著子產又侃侃而談：「我聽說文公從前做盟主時，宮室低小，沒有門網和台榭，卻把接待賓客的館舍修得十分高大。賓館就像國君的寢宮一樣，倉庫和斗棚也修得很好，司空按時平整道路，泥水工匠按時粉刷館舍房間；諸侯的賓客來到，便命人點起庭院中的火把，令僕人巡視客舍。車馬有地方存放，賓客的隨從有人員打理，管理車輛的官員會替車軸加油，也有打掃房間、飼養牲口的人員各自照看份內的事。各部門的屬官會檢查招待賓客的物品。文公從不讓賓客們多等，也沒有被延誤的事，總是與賓客同憂共樂，出了事隨即巡查，有不懂的地方就指教，有需要的就加以接濟。賓客到來就好像回到家裡一樣，哪裡會有災患啊。不用怕有人搶劫偷盜，也不用擔心乾燥潮濕。

「現在晉侯的別宮方圓數里，卻讓諸侯賓客住在像奴僕住的房子裡。車輛進不了大門，又不能翻牆而入。盜賊公然橫行，天災難防。接見賓客沒有定時，召見命令也不知何時發佈。如果不拆毀圍牆，就沒有地方存放禮品，這樣一來，我們的罪過又會加重。

「斗膽請教，您對我們可有什麼指示？雖然貴君遇上魯國喪事，可這也是敝國的憂傷啊！如果能讓我們早獻上禮物，我們會把圍牆修好了再走。這是貴君的恩惠，我們哪敢害怕辛勞？」

聽了士文伯的匯報，晉平公立刻以隆重的禮節接見了鄭簡公，宴會和禮品也格外優厚。並且在鄭簡公回國後，開始了接待諸侯賓館的建築工事。

晉國是個大國，是一方霸主，國君不出來接見客人，本意是在擺架子。而鄭國是個小國，夾在大國當中本就經常受氣，此行目的更是去進獻貢物，本應以「朝聖」的心態向盟主表示恭敬和孝順。而子產卻不這麼認為，他要爭取平等的待遇，他想的是：「你想擺譜？哼，我就不吃這一套！」於是，就拆毀了客舍的圍牆，還以巧妙動聽的言辭，說得對方連賠不是。不僅國君出來親自接見，而且還禮遇有加，滿載而歸。子產的膽略、魄力和謀略實在令人欽服。

在生活中，我們難免會遇到傲慢的人。不妨可以試試這個方法：「減少與他相處的時間。」在和他相處的有限時間裡，儘量充分表達自己的意見，不給他表現傲慢的機會。

賽賽主公說

交談言簡意賅。儘量用短句清楚地說明你的來意和要求，給對方一個乾脆利落的印象，也使他難以討價還價，有架子也擺不出來。

瞄準他的薄弱環節。從事一些讓他驕傲不起來的活動。

剛直不阿，傲視權貴

公元三九九年，晉安帝在位的時候，東晉的朝政越來越腐敗。會稽郡一帶爆發了孫恩領導的農民起義，過了兩年，十幾萬起義軍逼近建康，東晉王朝必須出動北府兵，才把起義鎮壓下去。這時候，東晉的統治集團內部又亂了起來。桓溫的兒子桓玄佔領了長江上游，帶兵攻進建康，廢了晉安帝，自立為帝。過了三四個月，北府兵將領劉裕打敗桓玄，迎晉安帝復位。自此，東晉王朝已經是名存實亡了。

在這個動盪不安的年代裡，柴桑這個地方有一個著名詩人名叫陶潛，又名陶淵明，因為看不慣當時政治腐敗，所以在家鄉隱居。

陶淵明的曾祖父是東晉名將陶侃，雖然做過大官，但並非士族大地主，直到陶淵明這一代，家境已經很貧寒了。陶淵明從小喜歡讀書，對於求官沒興趣，家裡窮得常常揭不開鍋，但他還是照樣讀書做詩，自得其樂。因為家門前有五株柳樹，他就替自己起了個別號，叫五柳先生。

後來，陶淵明越來越窮了，靠自己耕種田地，也養不活一家老少。親戚朋友勸他出去謀個一官半職，他沒有辦法，只好答應了。當地官府聽說陶淵明是個名將後代，又有文才，就推薦他在劉裕手下做了參軍。但是沒過多少日子，他就看出當時的官員將軍互相傾軋，心裡很厭煩，便要求出去做個地方官。上司就把他派到彭澤（在今江西省）當縣令。

在當時，縣令官俸不高。陶淵明一不會搜刮，二不懂貪污，日子當然過得不富裕，但比起他在柴桑家裡過的窮日子，還是好一些。再說，他覺得留在一個小縣城裡，沒有什麼官場應酬，也比較自在。有一天，郡裡派了一名督郵到彭澤視察。縣裡的小吏聽到這個消息，連忙向陶淵明報告。陶淵明正在內室裡捻著鬍子吟詩，一聽到督郵來了，十分掃興，只好勉強放下詩卷，準備跟小吏一起去見督郵。

小吏一看他身上穿的還是便服，吃驚地說：「督郵來了，您該換上官服，束上帶子去拜見才好，怎麼能穿著便服去呢！」

陶淵明向來看不慣那些依官仗勢、作威作福的督郵，一聽小吏說還要穿起官服行拜見禮，更受不了這種屈辱。他歎了口氣說：「我可不願為了這五斗米官俸去向那種小人打躬作揖（即「不為五斗米折腰」）！」說著，他也不去見督郵，索性把身上的印綬解下來交給小吏，辭職不幹了。

陶淵明回到了柴桑老家，他覺得這個亂糟糟的局面跟自己的志趣、理想實在差距太遠了。從此以後，他下定決心隱居過日子，空閒時間寫了許多詩歌文章，藉以抒發心情。

賽賽主公說

李白在一首詩中寫道：「安能摧眉折腰事權貴？使我不得開心顏。」歷史上剛直不阿、傲視權貴的人屢見不鮮，他們因品德高尚而備受世人尊敬。陶淵明「不為五斗米折腰」的人格魅力，在古今官場上更是不多見，陶淵明也因為這樣的人格魅力，成就了千古美談。

不慎失言當極力挽回

據說，阮籍有一次上早朝，忽然有侍者前來報告：「有人殺死了自己的母親！」

放蕩不羈的阮籍不假思索便說：「殺父親也就罷了，怎麼能殺母親呢？」

此言一出，滿朝文武大嘩，認為他「有悖孝道」。阮籍也意識到自己言語的失誤，忙解釋說：「我的意思是說，禽獸只知其母而不知其父，殺父就如同禽獸一般，殺母就連禽獸也不如了。」

一席話，竟使眾人無可辯駁，阮籍也避免了殺身之禍。

當然，有時候僅靠口舌解釋難以挽回失誤，這時候，就要動腦採取適當的行動。

郭德成是元末明初人，他性格豁達，十分機敏，特別喜愛喝酒。在元末動亂的年代裡，他和哥哥郭興隨朱元璋轉戰沙場，立了不少戰功。

朱元璋做了明朝開國皇帝後，原先的將領紛紛獲得加官晉爵，待遇優厚，成為朝中達官貴人。而郭德成卻拒絕這些封賞，僅僅做了一個普通的官員。

一次，朱元璋召見郭德成，說道：「德成啊！你的功勞不小，我讓你做個大官吧！」

郭德成連忙推辭說：「感謝皇上對我的厚愛，但是我腦袋瓜不靈，整天不問政事，只知道喝酒，一旦做大官，那不是害了國家又害了自己嗎？」

朱元璋見他辭官堅決，內心讚歎，下令賞給郭德成大量好酒和錢財，還經常邀請郭德成去御花園喝酒。

一次，郭德成興沖沖趕到御花園陪朱元璋喝酒。眼見花園內景色優美，桌上酒香美味四溢，他忍不住酒性大發，連聲說道：「好酒，好酒！」隨即陪朱元璋喝起酒來。

杯來盞去，漸漸地，郭德成臉色發紅，醉眼朦朧，但他依然一杯接一杯，喝個不停。眼看時間不早，郭德成爛醉如泥，踉踉蹌蹌地走到朱元璋面前，彎下身子，低頭辭謝，結結巴巴地說道：「謝謝皇上賞酒！」

朱元璋見他醉態十足，衣冠不整，頭髮紛亂，笑道：「看你頭髮披散，語無倫次，真是個醉鬼瘋漢。」

郭德成摸了摸散亂的頭髮，脫口而出：「皇上，我最恨這亂糟糟的頭髮，要是剃成光頭，那才痛快呢！」

朱元璋一聽此話，臉漲得通紅，心想，這小子怎麼敢這樣大膽地侮辱自己。他正在發怒，看見郭德成仍然傻乎乎地說著，便沉默下來，轉而一想：也許是郭德成酒後失言，不妨冷靜觀察，以後再整治他不遲。想到這裡，朱元璋雖然悶悶不樂，還是高抬貴手，讓郭德成回了家。

郭德成酒醉醒來，一想到自己在皇上面前失言，恐懼萬分，冷汗直流。原來，朱元璋少時在皇覺寺做過和尚，最忌諱的就是「光」、「僧」等字眼。郭德成怎麼也想不到，自己醉後這樣糊塗大膽，竟然戳了皇上的痛處。

郭德成知道朱元璋不會輕易放過自己，以後難免有殺身之禍。怎麼辦呢？他深深地思考著：「向皇上解釋，不行，更會增加皇上的嫉恨；若不解釋，自己已經鑄成了大錯，難道真的要賠上身家性命不成？」郭德成左右為難，苦苦地為保全自身尋找妙計。

過了幾天，郭德成繼續喝酒，狂放不羈，和過去一樣。只是進寺廟剃光了頭，真的做了和尚，整日身披袈裝，念著佛經。

朱元璋看見郭德成真做了和尚，心中的疑慮、嫉恨全消，還向妃子讚歎說：「德成真是個奇男子，原先我以為他討厭頭髮是假，想不到真是個醉鬼和尚。」說完，哈哈大笑。

後來，朱元璋猜忌有功之臣，許多大將紛紛被他找藉口殺掉了，而郭德成竟保全了性命。

賽賽主公說

「人有失足，馬有亂蹄」。同樣，在人們的交際過程中，無論凡人名人，都免不了隨時可能發生言語失誤。雖然箇中原因有別，但它造成的後果卻是相似的，或貽笑大方，或糾紛四起，有時甚至不堪收拾。

不畏強權，維護自尊

漢光武帝建立了東漢王朝以後，他知道老百姓對各地豪強爭奪地盤的戰爭早已恨透了，決心採取休養生息的政策。例如減輕一些捐稅，釋放奴婢，減少官差，還不止一次地大赦天下。因此，東漢初年，經濟得到了恢復和發展。

漢光武帝懂得打天下要靠武力，治理天下還得注意法令。不過法令也只管得了老百姓，要拿來約束皇親國戚，那就難了。比方說，漢光武帝的大姐湖陽公主，依仗兄弟是皇帝，作風非常驕橫，不但她愛怎麼樣就怎麼樣，連她的奴僕也不把朝廷的法令放在眼裡。

洛陽令董宣是一個硬漢，他認為皇親國戚犯了法，應該同樣獲罪。

湖陽公主有一個家奴仗勢行兇殺了人，躲在公主府裡不出來。董宣不能進公主府去搜查，就天天派人在公主府門口守著，等那個罪犯出來。

有一天，湖陽公主坐著車馬外出，跟隨著她的正是那個殺人犯。董宣得到了消息，就親自帶衙役趕來，攔住湖陽公主的車。

湖陽公主認為董宣觸犯了她的尊嚴，沉下臉來說：「好大膽的洛陽令，竟敢攔阻我的車馬？」

董宣可沒有被嚇倒，他拔出寶劍往地下一劃，當面責備湖陽公主不該放縱家奴犯法殺人。他不管公主阻撓，吩咐衙役把罪犯逮起來，當場就把他處決了。

這一下，差點兒把湖陽公主氣昏過去。她趕到宮裡，向漢光武帝哭訴董宣怎樣欺負她。

漢光武帝聽了，十分惱怒，立刻召董宣進宮，吩咐內侍當著湖陽公主的面，責打董宣，想替公主消氣。

董宣說：「先別打我，讓我說完了話，我情願死。」

漢光武帝怒氣沖沖地說：「你還有什麼話可說的。」

董宣說：「陛下是一個中興的皇帝，應該注重法令。現在陛下允許公主放縱奴僕殺人，還如何治理天下?用不著打，我自殺就是了。」說罷，他挺起頭就向柱子撞去。

漢光武帝連忙吩咐內侍把他拉住，但董宣已經撞得血流滿面了。

漢光武帝知道董宣說得有理，也覺得不該責打他。但是為了顧全湖陽公主的面子，就要董宣向公主磕頭賠禮。

董宣寧願把自己的頭砍下來，也不肯磕這個頭。內侍把他的腦袋往地下按，可是董宣用兩手使勁撐住地，挺著脖子，不讓內侍把他的頭按下去。

內侍知道漢光武帝並不想治董宣的罪，可又必須給漢光武帝台階下，就大聲地說：「回陛下的話，董宣的脖子太硬，按不下去。」

漢光武帝也只好笑了笑，下命令說：「把這個硬脖子攆出去!」

湖陽公主見漢光武帝放了董宣，心裡很氣，對漢光武帝說：「陛下從前是平民的時候，還收留過逃亡和犯死罪的人，連官吏都不敢進咱們家來搜查。現在做了天子，怎麼反而對付不了小小的洛陽令?」

漢光武帝說：「正因為我做了天子，所以更不能再像平民的時候那樣子做。」

結果，漢光武帝不但沒治董宣的罪，還賞給他三十萬錢，獎勵他執法嚴明。

賽賽主公說

面對強權，始終都能夠堅持自己的原則，是做一個下屬很難辦得到的事情。

但如果能保持做人原則維護自己的尊嚴，就會受到人們永遠的尊重。

防人之心不可無

項羽從小失去父母、由叔父項梁撫養。但項羽不讀書，也不習武，使得項梁很惱火：「你這小子，一事無成，你到底有何用？」

項羽不以為然地答道：「讀書有什麼大用？不過記自己的名字；學劍雖可護身，但僅能敵一人，我要學的是抵擋萬人之術。」

於是項梁開始教他許多用兵的謀略和方法。

到了秦始皇駕崩之時，項羽年逾弱冠，風華正茂，正是做大事業的好時候，於是他在叔父項梁的謀劃下做了一件大事。當時會稽太守殷通，為一方豪傑。秦始皇一死，殷通認為男子漢建功立業的時機已到，故差人召來好友項梁共商大計。殷通對項梁的信任，由此可見一斑。

殷通對項梁說：「秦始皇死了，群雄並起，天要滅秦。我有意趁機起義，你看怎麼樣？」

這話正中項梁下懷，表示願助殷通一臂之力，並商量把當時很著名的英雄桓楚找來，一起共商大計。

項梁說：「可惜我不知道桓楚的下落。因為他犯了罪，已逃往他鄉。不過，我的侄兒項羽也許知道，我明天把他帶來，您親自問他好了。」

第二天，項梁囑項羽帶劍相隨，前往殷通的屋前，項梁向項羽交代幾句，項羽唯命是從。項梁通報殷通，聲稱侄兒已經帶到，聽候太守召見。

殷通便要左右帶項羽進來。只見那項羽昂首闊步，進入衙內，氣宇軒昂，殷通好不歡喜，對項梁說：「果然是一位壯士，真不愧是項君令侄。」便與項羽談起找桓楚的事。

項梁趁著殷通說話時，低聲對項羽說：「可以行動了。」說時遲，那時快，只見項羽抽出佩劍，一個箭步上前，「嗖」的一聲，那殷通的頭顱便鏗然落地。

項梁就這樣取而代之，當上了會稽太守，命侄兒項羽統率八千精兵、舉旗起義。

殷通太信任項梁了，對於項羽也就疏於防範，也許正是項羽明佩寶劍而非暗藏凶器，欺騙了殷通，所以成功了，最終遭到身首異處的下場。

賽賽主公說

俗話說：害人之心不可有，防人之心不可無。與人交往的時候，要多多留意他人的意圖，時刻都要警惕他人，雖然很累，但卻十分必要。信任他人是沒有錯的，但毫無防備往往是更致命的錯誤。有些人正因為太信任他人並疏於防範，最後招致殺身之禍。

事先消除未顯的災禍

戰國時楚國的春申君黃歇，門下有三千門客，是著名的「四公子」之一。當時楚考烈王沒有子女，春申君就四處搜尋美女獻給楚王。有位趙國人，叫李園。他有個妹妹長得很漂亮，本想把妹妹獻給楚王，但臨時改變了主意，把妹妹獻給了春申君。

春申君非常寵幸這個美女，沒過多久，她就懷孕了。美女想到了一條妙計，她和哥哥偷偷商量後，就對春申君說：「夫君，楚王跟您的感情真是好啊！」

春申君動情地說：「是啊！我和楚王的感情就連親兄弟也比不上。」

美人又說：「可是楚王沒有兒子，他死後只有讓自己的親兄弟做國君。新國君一定只重用自己身邊的人，哪輪得到您呢？而且您現在的地位這麼高，肯定有對楚王的兄弟不夠禮貌的地方，那您的處境豈不是更危險了嗎？」

春申君聽了說：「是呀！可是又有什辦法呢？」

美女眨了眨眼睛說：「辦法倒是有一個。我已經懷孕了，如果楚王現在喜歡上我，那我生下的孩子就可以當上國君，您就不用擔心以後的前途啦！」

春申君照這個美女說的，把她獻給了楚王。美女果然很快就得到了楚王的寵愛。後來，這個美女在王宮生了個男孩。隨後這孩子便被立為太子，美女也就當上了王后。楚王又提拔她的哥哥李園當上高官。但李園是個有野心的人，他既想奪取春申君的權勢，又怕春申君洩漏祕密，便在私底下養了許多殺手，計劃伺機殺掉他滅口。

此時的春申君卻還被蒙在鼓裡。他的門客朱英對他說：「您做楚國的丞相已經二十多年了，一人之下，萬人之上。有一天楚王死了，您就要輔佐年幼的太子，直到他長大成人，這雖是您的福氣，但其中也可能隱藏著災禍。正所謂福兮禍之所伏，禍兮福之所倚。」

春申君沒有將他的話放在心上，滿不在乎地說：「我現在過得很好啊！至於將來，會有什麼不幸呢？」

朱英憂心忡忡地說：「李園一直想奪取您手中的權力，他早就偷偷養了許多殺手，只等楚王一死，便將矛頭指向您。這就是我說的災禍啊！不過，現在挽救還來得及，您只要先把我派到楚王的身邊，替您除掉李園，先下手為強，同時也免除您的後顧之憂。」

春申君聽了，哈哈一笑，拍拍朱英的肩膀說：「先生多慮了。我瞭解李園，他是個膽小、溫和的人，我又一直對他那麼好，他不會做出什麼對不起我的事。」

不久，楚考烈王死了。李園先一步入宮，安排殺手埋伏在宮門內，待春申君匆忙進宮，才剛走進宮門，李園的殺手就從兩旁殺出來，他還沒來得及喊救命，頭就被割了下來，更悲慘的是連他的家人也沒能逃過這場血光之災。

戰國四公子之一的春申君，就這樣被殺掉了。更悲慘的是他到死也不知道是誰殺了他的，因為在他印象中，李園是膽小溫和，且自己對其有恩的一個人。

賽賽主公說

春申君的悲劇，就在於他沒有認清李園這樣的小人，對他沒有防範，更沒有先下手為強的意識，最終導致了自己被殺的局面。千萬不能以君子之心度小人之腹。只有防患於未然，才能夠免受其害。

冷靜地解釋

戰國時候，楚國人陳軫受到士大夫的排擠，楚懷王又不願重用，因而投靠秦惠王門下。不久，秦惠王的重臣張儀便產生了嫉妒心，因為他發現陳軫很有才幹，比自己強得多，擔心日子一長，秦王會冷落自己。於是，他便找機會在秦王面前說陳軫的壞話，進讒言。

一天，張儀對秦惠王說：「大王經常要陳軫往來於秦國和楚國之間，現在楚國對秦國並不比以前友好，但對陳軫卻特別好。可見陳軫的所作所為全是為了他自己，並不是誠心誠意為秦國做事。聽說陳軫還常常把秦國的機密洩漏給楚國，作為您的臣子，怎麼能這樣做呢？我不願再和這樣的人共事。最近我又聽說他打算離開秦國到楚國去，要是這樣，大王還不如殺掉他。」聽了張儀這番話，秦王自然很生氣，馬上傳令召見陳軫。

一見面，秦王就對陳軫說：「聽說你想離開我這兒，準備上哪兒去呢？告訴我吧，我好為你準備車馬呀！」

陳軫一聽，莫名其妙，兩眼直盯著秦王。但他很快明白了，這裡面話中有話，於是鎮定地回答：「我準備到楚國去。」

果然如此！秦王對張儀的話更加相信了，於是慢條斯理地說：「那張儀的話是真的了。」

原來是張儀在搗鬼！陳軫心裡完全清楚了。他沒有馬上回答秦王的話，而是定了定神，然後不慌不忙地解釋說：「這件事不只張儀知道，連路人都知道。若我對大王您不忠，楚王又怎麼會希望我去做他的臣子呢？我一片忠心，卻被懷疑，不到楚國去，又該到哪裡去呢？」

秦王聽了，覺得有理，點頭稱是。但又想起張儀提及洩密的事，便問：「既然這樣，那你為什麼將我秦國的機密洩漏給楚國呢？」

陳軫坦然一笑，對秦王說：「大王，我這樣做，正是為了順從張儀的計謀，以證明我不是楚國的同黨呀！」

秦王一聽，卻糊塗了，望著陳軫發愣。

陳軫還是不急不徐地說：「據說楚國有位老爺娶了兩個妾。有一個人跑去勾引那個年紀大一些的妾，卻被她大罵了一頓。於是他又去勾引那個年紀輕一點的妾，她對他很友好。

「後來，那個老爺死了。旁人問他：『如果你要娶她們做妻子的話，是娶那個年紀大的呢？還是娶那個年紀輕的呢？』他回答說：『娶那個年紀大些的。』旁人又問：『年紀大的罵你，年紀輕的喜歡你，你為什麼要娶那個年紀大的呢？』他說：『那時她罵我，說明她對丈夫很忠誠。現在要做我的妻子，我當然也希望她對我忠貞不貳，對那些想勾引她的人破口大罵。』

「大王您想想看，我身為楚國的臣子，如果常把秦國的機密洩漏給楚國，楚國會信任我、重用我嗎？會收留我嗎？我是不是楚國的同黨，大王您該明白了吧？」

秦惠王聽陳軫這麼一說，不僅消除了疑慮，而且更加信任陳軫，也賞給了他更優厚的待遇。陳軫巧妙的一席話，既擊破讒言，又保全自己。

賽賽主公說

生活中每個人都有被陷害、被冤枉或被誤解的時候，當發現有人攻擊和誣陷我們的時候，不要驚慌，而要冷靜地進行解釋和辯解，儘快消除一切誤會。身正不怕影子歪，只要自己的品行端正，就沒有必要害怕別人誤解自己。想使自己從困境中走出來，用正確的方法和善辯的言辭，就可以幫助你化解外界的誣陷。

重金政策穩住對手

唐玄宗時代，姚崇、張說兩人，一同在朝中做丞相，兩人之間積怨很深。姚崇在臨終之前，還是十分擔心在他死後張說利用職權報復自己的兒孫。因為姚崇明白，張說之所以曾被貶出京城，完全是他向皇上啟奏得准的結果。

快斷氣前，姚崇想出一計，把兒子們叫到跟前，對他們說：「我當朝廷宰相多年，不少的功勞政績皆可以成文傳世。死後，我的碑文，你們應該請文壇大家來寫！而文壇之領袖，應該首推張說。不過，我與張說仇怨頗深，若是直接登門求他來寫，他一定會斷然拒絕。所以，我想了一個辦法，你們在我死後的靈台前，陳設一些珍寶古玩。張說最喜愛的便是這些，他在前來弔念之時，若是對這些珍寶古玩視而不見，你們就很難活命了。如果他對那些珍寶古玩逐一把玩愛不釋手，便說明他是一個見寶眼開、見寶嫉恨之人，那就有機可乘。你們可以把這些珍寶送給他，再趁機恭維他為文壇領袖、天下第一筆，請他為我寫篇神道碑。在珍寶古玩的懾心和你們的吹捧鼓動之下，他一定會答應，並急急而就！碑銘一拿到手，你們立即刻到石碑之上，並將張說所寫的手稿交給皇上過目。要記住，一切的一切，全在一個『快』字上！否則，等張說回過神來，一旦追悔，當前功盡棄，你們全都必死無疑。」

姚崇死後，張說前來弔唁，見到姚崇之子們依計擺放的珍寶古玩，果真愛慕地看了三四遍。

此時，姚崇的長子湊近他道：「先父曾有遺言，說同僚中肯為他寫一碑文者，這些珍寶古玩，悉數奉贈！您是當今文壇泰斗，自然不會看重這些珍寶古玩，但若願為先父勞心成就一篇碑文，我們將永生不忘。這些小小的酬謝自是無法表達我們的答謝之情！」

張說一聽，天下竟有這等好事，想也沒想，迅速答應道：「爾等先父，與我同朝為官多年，今先走一步，我為其寫一銘文，純屬分內中事，一定不負所托。」

張說回到住所之後，就馬上動筆，剛剛寫就，姚崇的兒子們就將那些珍寶古玩送到，叩謝一番，取了出自張說之手的碑文，回到府上，拓印一份，立刻著工匠刻到墓碑之上，並將張說的手書原稿，火速送入宮中，呈給皇上御覽。

張說在姚崇的兒子們拿走自己所寫的碑文之後，仔細一想，覺得其中似乎有什麼不妥之處。當他想到自己與姚崇一直仇怨未解，且在姚崇歸西後，自己還極力為他大唱讚歌時，驚出一身大汗。

再看那些珍寶古玩，便知自己上了姚崇的當了！於是，快馬加鞭趕到姚府，索要原稿，謊稱原稿之中有些定論過於輕率，應當加以修改。然而，為時已晚，稿文已刻成碑文，且手稿已呈送給了皇上。

事已至此，張說有苦難言，非常悔恨。他拍著胸脯說：「死姚崇能算計活張說，我今天才知道自己的才智不如他。」

賽賽主公說

保護自己的方式很多，為了達到保護自己的目的，除了要善於動腦之外，還要捨得花錢，用金錢利益收買或迷惑對手。

身居高官職位，聰明的人應知道如何自保。姚崇在自己過世之後還能保全子孫的性命，實在是聰明。

曹植七步成詩

曹操死後，太子曹丕繼承了魏王和丞相的大位，掌握朝廷大權。曹丕繼承王位以後，有人告發他的弟弟，也就是臨淄侯曹植，經常喝酒罵人，還把他派去的使者扣押起來。曹丕立即派人趕到臨淄，把曹植逮住了押回鄴城審問。

原來，曹丕和曹植都是曹操的妻子卞后所生的。曹操不但是個政治家、軍事家，又是個文學家，兄弟倆也擅長詩文，文學史上把他們父子合稱為「三曹」。曹植從小聰明非凡，十幾歲時候，就讀了不少書，能寫出很出色的文章。有一次，曹操看了曹植的文章，有點懷疑，問曹植說：「這是你請人代寫的嗎？」

曹植跪下來說：「兒出口成文，下筆成章。怎麼會叫人代寫呢？父王不相信，可以測試。」

曹操試了曹植幾次，覺得他果然才華出眾，因此對他特別寵愛，多次想把他封為王太子，只是因為有些大臣反對，才做罷。

曹丕怕自己地位不穩，想方設法討曹操歡喜。有一次，曹操出外打仗，曹丕、曹植都去送行。臨別的時候，曹植當場念了一段頌揚曹操功德的文章，大家聽了十分讚賞。

有人在曹丕耳邊小聲說：「大王要離開了，你只要表示傷心就是了。」曹丕果然抹著眼淚向曹操告別，曹操很受感動，也掉下了淚。

這件事使曹操覺得曹丕文才雖然不如曹植，但是心地老實，對自己有感情。再加上左右侍從替曹丕說好話的人不少，曹操寵愛曹植的心漸漸變了。

曹植是個不注意小節的人。有一次，他竟在王宮裡坐著車馬，私自打開王宮外門出去。這件事可違犯了宮裡的規矩。曹操聽說之後，大為惱火，把掌理宮門的官員治了死罪。

又有一次，曹操派曹植帶兵出征。曹丕得到消息，事先送酒食去，跟曹植一起喝酒，讓曹植喝得酩酊大醉。正在這時候，曹操派人找曹植，連催幾次曹植都還沒醒來。曹操只好把派曹植出征的事取消了。自此以後，曹操就打消了把曹植立為太子的念頭。

曹丕做了魏王後，仍舊忌恨曹植。這一回，抓住機會就把曹植抓起來，要處曹植死罪。母親卞太后知道了，著急得了不得，連忙在曹丕面前替曹植求情，要他看在同胞兄弟份上，寬恕曹植。曹丕不能不聽母親的話，再說，為了一點小事殺了兄弟，自己也不體面，便只把曹植的臨淄侯爵位撤了，降為一個比較低的爵位。

據說，曹丕把曹植召來以後，為了要懲罰他一下，要他在走完七步的時間裡做出一首詩。如果做得出，就免他一死。

曹植略略思索一下，就邁開步子，走一步，念一句，隨口就念出了一首詩：

「煮豆燃豆萁，豆在釜中泣。
本是同根生，相煎何太急。」

曹丕聽了，覺得自己對弟弟逼得太狠，心裡感到慚愧，這才免去曹植的死罪。

賽賽主公說

建安七子之中，曹植的才華是世人有目共睹的。對於他個人的性情我們不說，單從他能夠在危機時刻，用自己的智慧擺脫困境，就值得我們景仰和歎服。

劉伯溫求雨

明太祖在統一戰爭中，依靠了一批英勇善戰的將領爭城奪地，又吸收了一些謀士，幫他出謀劃策。在這些謀士中，劉基是最著名的一個。

劉基又叫劉伯溫，本來是元朝的官員，因為對元朝的政治腐敗不滿意，常常寫文章，諷刺時事，後來被解職回到他的家鄉青田（現浙江）。朱元璋的軍隊打到浙東的時候，便把劉基請出來當他的謀士。在打敗陳友諒、張士誠的戰爭中，劉基出了不少計策。由於他足智多謀，因此得到了明太祖的信任。明太祖把他比做西漢初年的張良。

劉基不但謀略好，而且精通天文。在古代，天文現象往往跟人間吉凶扯在一起。劉基對天下形勢觀察仔細，考慮問題周到，他的預見往往比較準確。但是大家都認為這跟他精通天文有關。民間傳說還把劉伯溫寫成一個「未卜先知」的人物。

朱元璋當吳王的時候，江南發生了一場旱災。朱元璋問掌管天文的劉基，為什麼會發生大旱，怎樣才能求上天下雨。

劉基說：「天一直不下雨，是因為牢獄裡關押的人有冤情。」朱元璋信了劉基的話，派他去查牢監裡關的犯人。劉基一查，果然有不少冤案。他向朱元璋奏明後，平反了冤案，把錯抓的人放了。

求雨和平反本來是毫不相干的兩碼事。劉基也不可能有求雨的法術。不過他懂得天文，可能觀測到氣象要發生變化，就藉這個機會勸諫朱元璋平反冤案。果然不出幾天，烏雲密佈，接著就下了一場大雨。劉基趁朱元璋高興的時候，又勸他制定法律，依法辦事，防止錯殺無辜的人。

明太祖即位以後，拜劉基為御史中丞，負責司法工作。劉基嚴格執法。有一次，丞相李善長的一個親信犯了法。李善長是明朝開國功臣，又是明太祖的同鄉，勢力很大。但是劉基不顧李善長的阻撓，上奏明太祖，把那個親信殺了。這件事當然招來了李善長的怨恨。

正巧這一年，京城又逢大旱，明太祖十分著急。劉基乘機跟明太祖說：「戰死將士的妻子需要撫恤，一些在築城中死亡的工匠，屍骨還暴露在田野上沒人收埋。把這些事辦了，說不定能下雨。」

明太祖一心求雨，當然很快批准了劉基的要求，撫恤了將士妻子，掩埋了工匠的屍骨。

劉基雖然辦了一件好事，但是靠這種辦法勸諫，畢竟靠不住。這一次，他的預測不準，過了十天還是烈日當空，一滴雨也沒下。這使明太祖生氣了，再加上李善長在旁邊說壞話，叫劉基不得不害怕。這時候，他妻子在家鄉得病死去，劉基便正好請假回老家去。

其實，明太祖對劉基是特別器重的。有一次，明太祖要拜劉基為丞相。劉基連忙推辭說：「選丞相好比挑棟樑，要挑個大木材，如果用小木頭當樑柱，房屋就有倒坍的危險。」

後來，明太祖撤了丞相李善長的職，又想請劉基出來當丞相。劉基說：「我性子褊急，容不得壞人。再說年紀大了，也擔當不了這樣重任。天下有的是人材，希望陛下好好物色。」

劉基回到青田，過著隱居生活，也從來不跟人談起他過去的功勞。

賽賽主公說

劉伯溫是聰明的，因為他早已看出朱元璋的用心。伴君如伴虎，尤其是善變的朱元璋更是如此。想保住自己的性命，只有及時地脫身，這就是劉伯溫的高明之處。

週四

蹲馬桶

寬容讓你贏得人生

適時退讓，予他人通行

馮夢龍在《廣笑府．尚氣》篇中記載了這樣一則故事。

從前，有父子二人，性格都非常剛強，生活中從來不對人低頭，也不退讓半步。一日，家中來了客人，父親命兒子去市場買肉。兒子買好了肉便轉身回家，來到城門時，迎面碰上一個人，雙方都寸步不讓，誰也不甘心退一步，於是兩人面對面地立在那兒，就這樣僵持不下。

日已正中，家中還在等肉下鍋待客飲酒，父親不由得十分焦急，便出門去尋找買肉未歸的兒子。剛到城門處，便看見兒子僵立在那兒，半點也沒有讓人的意思。父親心下大喜：「這真是我的好兒子，性格這麼剛強。但又大怒，那是什麼人，竟敢如此放肆？」他竄步上前，大聲說道：「好兒子，你先把肉送回去陪客人吃飯，讓為父站在這兒與他對抗！」

話音剛落，父親與兒子交換了位置，兒子回家去烹肉煮酒待客；父親則站在那個人的對面，如怒目金剛般挺立不動。惹得眾多的圍觀者大笑不止。

一般而言，性格寬容者在處世中受人欽佩；但太剛強者往往會固執己見，嚴守自我的做人準則，不退讓，不變通，沒有半點柔弱的氣象。人生在世，雖不該如故事中的父子般太過剛愎，但無一點剛強之氣也是不行的。尤其應該心有所主，擁有正確的做人準則，這樣人們才可勇氣倍增，可與人抗爭、與社會黑暗面抗衡，凸顯出自我的個性和風貌。

賽賽主公說

《菜根譚》中講：「路徑窄處留一步，與人行；滋味濃的減三分，讓人嗜。此是涉世一極樂法。」可謂深得處世的奧妙。但剛直並不是賭氣，也不是去追求無益的個人「勝利」。

馮夢龍先生筆下所敘述的這對父子，僅僅為了避讓的小事，就與人對立，這就不是剛強而是蠻幹了，久之會引起別人的厭惡，最終在人生旅途中碰得頭破血流。所以說，剛強的性格有時是值得讚揚的，但過於剛強就會成為倔強，處世中應該在堅持自己原則的前提下，學會適時的變通。

忍讓是雄才大略的表現

忍讓是一種美德。當遭受到親人錯怪、朋友誤解、以訛傳訛導致的輕信、流言製造的是非時，生氣無助於霧散雲消，惱怒不會春風化雨，而一時的忍讓則能幫助恢復你應有的形象，得到公允的評價和讚美。

清朝時有一對鄰居因一道牆的歸屬問題發生爭執，欲打官司。其中一家想求助在京為官的親屬張廷玉幫忙。張廷玉沒有出面干涉這件事，只是寫了一封家書，力勸家人放棄爭執，信中有這樣幾句話：「千里求書為道牆，讓他三尺又何妨？萬里長城今猶在，誰見當年秦始皇。」家人聽從了他的話，鄰居也覺得很不好意思，兩家終於握手言歡，由你死我活的爭執變成了真心實意的謙讓。事情就這樣忍一時風平浪靜，退一步海闊天空了。古代開明之士尚能如此，今日面對同事之間的小是小非，更應該比封建時代更高一著。

忍讓不是懦弱可欺，相反地，它更需要自信和堅韌的品格。古人講「忍」字，至少有如下兩層意思：一是堅韌和頑強；二是抑制。被譽為「亙古男兒」的宋代愛國詩人陸游，胸懷「上馬擊狂胡，下馬草戰書」的報國壯志，也寫下過「忍志常須作座銘」。這種忍耐，不正凝聚著他們頑強、堅韌的可貴品格嗎？又有誰說他們是懦弱可欺呢？

賽賽主公說

忍讓者，忍耐也，謙讓也。一般說來，人與人在社交過程中所產生的衝突，雙方可能都有責任，但作為當事人應該主動地「禮讓三分」，多從自己身上找原因。忍讓，實際上也就是讓時間、讓事實來表白自己，這樣才可以擺脫相互之間無謂的糾纏和不必要的爭吵。

寬容是明智的處世原則

蘇東坡的《河豚魚說》講了一個故事：南方的河裡有一條豚魚，游到一座橋下不想繞過橋柱，因而撞在橋柱上。牠不怪自己不小心，反而生起氣來，認為是橋柱撞了自己。牠氣得張開嘴，豎起顎旁的鰭，脹起肚子，漂在水面上，很長時間一動也不動。飛過的老鷹看見牠，一把抓起來把牠的肚子撕裂。這條豚魚就這樣成了老鷹的食物。

蘇東坡說：「世上有的人在不應該發怒的時候發怒，結果卻遭到了不幸，就像這條河豚魚，『因游而觸物，不知罪己。』卻『妄肆其忿，至於磔腹而死』，真是可悲！」

我們生活在一個越來越功利的環境裡，倘若太吝惜自己的私利而不肯為別人讓一步路，這樣的人最終會無路可走；倘若一味地逞強好勝而不肯接受別人的一絲意見，這樣的人最終會陷入世俗的河流而無以向前；倘若一再地求全責備而不肯寬容別人的一點瑕疵，這樣的人最終宛如凌空在太高的山頂，會因缺氧而窒息。

曾有人把人比喻為「會思想的蘆葦」，因為弱小易變，情緒的波動隨時都會改變人對事物的正確瞭解。人非聖賢，孰能無過？就是聖賢也會有一失之時，我們又為什麼不能寬容自己和別人的失誤呢？

賽賽主公說

寬容不但是做人的美德，也是一種高尚的處世原則，是人與人交往的「潤滑劑」。一些所謂厄運，只是因為對他人一時的狹隘和刻薄，而在前進路上自設的一塊絆腳石罷了；而所謂的幸運，也是因為無意中對他人一時的恩惠和幫助，而拓寬了自己的道路。

寬容並不意味著對惡人橫行遷就和退讓，也非對自私自利鼓勵和縱容。誰都可能遇到情勢所迫的無奈，無可避免的失誤，考慮欠妥的差錯。所謂寬容就是以善意去寬待有著各種缺點的人們。因其寬廣而容納了狹隘，因其寬廣顯得大度而感人。

忍得一時之氣換來有利形勢

楚漢相爭中，劉邦由於勢力較弱，經常吃敗仗。有一次，劉邦兵敗，被項羽圍困在滎陽。

大將韓信自領一軍，北上作戰，捷報頻傳，連續攻下魏、代、趙、燕諸王國，最後又佔領了齊國全境。

韓信派使者來見劉邦說：「齊人狡詐反覆，齊國又與強楚為鄰，如果不設王威懾，不足以鎮撫齊地，請大王允許我暫代齊王。」

劉邦一聽，勃然大怒，破口大罵：「我坐困滎陽，日夜盼望你帶兵來支援，你不但不來，反要自立為王！」此時的劉邦只看到自己所處的危境，也就全然沒有了風度，暴躁的本性暴露無遺。

正說著，劉邦感覺到自己的腳被人狠狠踩了一下。他發現坐在旁邊的張良正向他示意，便忍住了接下來一連串罵人的話語。

張良清楚地知道韓信是當世首屈一指的將才，眼下又擁有強大的兵力，處在舉足輕重的地位上。劉邦如與韓信翻臉，將會對他大大的不利；反之，如果能調動韓信的兵馬，就能重創楚軍，使楚漢對峙的局面朝有利的方向轉變。

因此，張良靠近劉邦，悄聲說：「大王，韓信手握重兵，右投則大王勝，左投則項羽勝。我們對他的要求要慎重考慮。」

劉邦氣還未消，很不高興地對張良說：「那你說怎麼辦？難道就被這小子挾持不成？」

張良說：「現在我們正當危急時刻，若打壞了關係，他便是自立為王，我們也毫無辦法。逼急了他，他一旦與項羽聯手，大王的大事危矣！不如趁勢正式立他為王，調動他的軍隊擊楚。如果不迅速決斷，遲則生變！」

劉邦畢竟是非常聰明的人，聽了張良的話，馬上恢復理智，但他仍接著剛才憤怒的語氣罵道：「男子漢大丈夫，要做齊王就做真齊王，做什麼代齊王！」劉邦當即下令派張良為使節，帶著印綬到齊地去，封韓信為齊王，並徵調韓信的軍隊。

局勢很快發生重大轉折，漢軍由劣勢轉向優勢，逐漸對楚形成了包圍之勢。後來，劉邦終於在垓下全殲楚軍，贏得了戰爭的最後勝利。應該說，劉邦在隱忍方面做得很出色。反之，韓信要官做，急於稱王的行為則悖離了隱忍的大道，因此，他最終之所以被殺，跟他自己鋒芒太露也有很大的關係。

賽賽主公說

忍讓是一種眼光和度量，能克己忍讓的人，是深刻而有力量的。古今中外有許多傑出的人，正是用豁達的行為鋪平了成功的道路。一個人只有豁達、開朗、寬容才能接受別人，善於與他人相處，只要能承認他人存在的意義和作用，也就能被他人所理解和接受，贏得大家的喜愛和認同。只要為團體所接納，就更能得到充分發揮自我的舞台和必備的資源。

使用韜晦之策，顯示人生智慧

春秋時期，吳王夫差把勾踐打敗，吳國便趁機要越王勾踐夫婦到吳做奴僕。於是，勾踐將國事托給大夫文仲之後，便要范蠡隨他到吳國。夫差令勾踐為其牽馬。即使遭人辱罵，勾踐也裝出一副奴才的樣子，馴服無比。

有一回夫差大病，勾踐暗中命范蠡探看。范蠡回來告訴他，夫差的病不久即可痊癒。於是勾踐親自去見夫差，當然是以「探問病情」之理由，並且當著眾人的面，親口嘗了夫差的糞便。

之後勾踐便向夫差道賀，說大王的病不過幾日就能好轉，並且向夫差磕了一個頭。湊近他身旁告訴他：「我曾經跟名醫學過醫道，只要嘗一嘗病人的糞便，就能知病的輕重。剛才我嘗了大王的糞便，味酸而稍微有些苦澀，這是得了醫生所說的『時氣病』，此症一定能夠好轉，大王不用太擔憂。」沒過幾日，夫差的病果然好轉。夫差為勾踐的言行所感動，惻隱之心一起，便把他放回越國去了。

勾踐回到國後，不近女色，不觀歌舞，愛撫群臣，教養百姓。他靠自己耕種吃飯，靠妻子親手織布穿衣，不吃山珍海味，不穿綾羅綢緞。勾踐甚至連褥子都不肯用，床上儘是些乾柴乾草。並且用繩懸一苦膽，日日嘗之，以此提醒自己不要忘掉昨日所受的凌辱與苦難。

他還常常到外地巡視，探望孤寡老弱病殘。諸大夫對他更加愛戴，他便對他們講：「我預備向吳兵開戰，望諸位肝膽相照、奮勇爭先。我當與吳王頸臂相交，肉搏而死，此乃我一生宿願。如果這不能辦到，我將棄離國家，告別群臣，身帶佩劍，手舉利刃，改變容貌，更換姓名，去做奴僕，侍奉吳王，以找機會刺殺他。我知道這一定會被天下人所羞辱，但我決心已定，一定要實現！」

後來，吳越兩國決戰，越軍勇猛無比，吳軍潰敗，越軍包圍了吳王王宮，攻下城門，活捉了夫差。滅吳之後，越國勢力大增，民心歡悅，越國遂稱霸於諸侯。

勾踐臥薪嘗膽的故事，反映了人生智慧中的「韜晦」之策。自己的行動目標不能輕易暴露，而且必須有一定的掩飾。

使用韜晦之策顯示人生智慧最突出的例證，就是《三國演義》中，劉備在與曹操「青梅煮酒論英雄」的表現。那時劉備在呂布與曹操兩大勢力爭奪中無法自立，只好依附曹操，共滅呂布。

曹操在許田圍獵時故意表露出篡位的意圖，以試探臣下的態度。當時大臣們敢怒不敢言，只有關羽「提刀拍馬便出，要斬曹操」，倒是劉備「搖手送目」，攔住關羽，還用言語恭維曹操說：「丞相神射，世所罕及！」顯現出深隱的心機。於是當董承、王子服等人憑漢獻帝血寫密詔結盟討曹操時，便把劉備也拉入這個集團之內。劉備簽名入盟後，「也防曹操謀害，就下處後園種菜，親自澆灌，以為韜晦之計」。

但曹操何等精明，他想劉備這樣志向遠大的英雄突然種起菜來，一定有什麼重大事情影響了他。於是派許褚、張遼引數十人入園中，將劉備請至丞相府，

「盤置青梅，一樽煮酒，二人對坐，開懷暢飲」，演出一段膾炙人口的歷史戲劇。

當時，曹操幾乎明知故問，要劉備承認自己胸懷英雄之智。劉備則故意拉扯旁人，先抬出最讓人看不起的袁術，曹操斥之為塚中枯骨。劉備又舉出袁紹、劉表、孫策、劉璋等人，唯獨不提以參加董承為首討曹聯盟的馬騰和他自己。

曹操自然不滿意，乾脆直言相告：「今天下英雄，惟使君與操耳！」

劉備所擔心的是討曹聯盟之事暴露，聽到曹操稱自己為「英雄」，以為事情已經暴露，手中匙勺也掉在地上。時值雨天，一聲驚雷而過，為避免曹操進一步懷疑自己，只好推說是害怕雷聲所致。

曹操想，這個連雷聲都害怕的人，也許根本不是什麼「英雄」，反而將戒備的疑心放下。這為後來劉備借討伐袁術為名領兵出發，「撞破鐵籠逃虎豹，頓開金鎖走蛟龍」，奠定了基礎。

賽賽主公說

韜晦之策有明確的目的，又有極強的積極度，雖然在表面上有許多退卻忍讓，卻更顯示人內在的韌性與忍辱負重。

韜晦之策又因其隱蔽性而具有極強的實效，它往往攻其不備而出奇制勝，取得事半功倍的效果。韜晦之策是精明人假裝糊塗的策略。正確使用韜晦之策，實是掌握古代人生智慧的重要內容之一。

顧全大局，寬容同事

每一個人都會認為自己做的是最正確的，但是，到底誰才最正確，這個問題不能單由一己之觀點來評判。對於世上一些不明事理、甚至是非不辨的人，我們只能替他們感到惋惜，而不要去取笑或者責備他們。如果你真想幫助他們，就應該多給予關懷，當然，如果可能，也可以透過與他們面對面的交談，為其引導出一個正確的思考方法。這樣才是正確的做法，絕對不可以故意取笑或責備對方。在這方面，藺相如做得非常得體。

戰國時期，趙國的藺相如幾次出使秦國，又隨同趙王會見秦王，每次都憑著自己的大智大勇，挫敗驕橫的秦王，因此趙王很是器重藺相如，將他提拔為上卿，位在老將軍廉頗之上。

戰功卓著的廉頗見藺相如官位比自己還高，很不服氣，他到處揚言說：「我為趙國出生入死，有攻城奪地的大功。而這個藺相如，出身低微，只是憑著三寸不爛之舌，就官拜在我之上，這實在是讓我難堪！以後我再見到藺相如，一定要當眾羞辱他一番。」

藺相如聽說後，就處處躲開廉頗。有一次，藺相如的座車在大街上走，忽然看見廉頗的馬車迎面駛來，便趕緊命人將自己的車拐進一條小巷，待廉頗的車馬走過，才從小巷出來繼續前行。藺相如的隨從們見主人對廉頗一讓再讓，好像十分懼怕廉頗似的，都覺得很沒面子，便議論紛紛，甚至商量著要離開藺相如而去。

藺相如知道後，就把他們找來，問道：「你們看，是秦王厲害還是廉頗厲害？」

隨從們齊聲說：「廉頗哪能跟秦王相比呢？」

藺相如說：「這就是了。人們都知道秦王厲害，我連威震天下的秦王都不怕，怎麼會怕廉將軍呢？我之所以不想跟廉將軍發生衝突，是以國家利益為重啊！你們想，秦國之所以不敢侵犯趙國，不就是因為趙國有我和廉將軍兩個人嗎？如果我們兩個人互相爭鬥，那就好比兩虎相鬥，結果必有一傷，趙國的力量一旦被削弱，國家就危險了。所以我不與廉將軍計較，是為了趙國啊！」

後來這些話傳到廉頗耳裡，大受感動。他想到自己對藺相如不恭敬的言語和行為，深感後悔，真是又羞又愧。襟懷坦白的廉頗老將軍，脫光了上身，背負著荊條，親自到藺相如府上請罪，藺相如趕緊挽起老將軍。

從此後，廉頗和藺相如兩個人，將相團結，一心為國，建立了生死不渝的友情。其他諸侯國聽說了以後，都不敢侵犯趙國。

賽賽主公說

人都是按照各自的想法去行動，而且每個人都希望每件事都能按照自己的意願執行。但是，如果每一件事都非照著自己的想法進行不可，這樣的人不僅是太過固執，而且也可以稱之為傲慢了。藺相如不計個人恩怨，以國家利益為重的高風亮節，和廉頗知錯即改的坦誠襟懷，都在啟發人們，任何時候都要顧全大局，把國家民族利益放在第一位。

讓人為上，吃虧是福

在日常生活中，當自己的利益和別人利益發生衝突，友誼和利益不可兼得時，首先要考慮捨利取義，寧願自己吃一點虧。

舜敬父愛弟，可是他的弟弟象內心卻總想害死他。有一次他們倆去挖井，舜正在井內時，象卻突然把井口封死。象以為舜必死，就想打他兩位夫人的主意，於是來到舜家裡。不料，舜大難不死，已從井的另一個出口脫身回到家裡。

象剛進門，見舜在彈琴，只好尷尬地說：「我正惦記著你呢！」

舜只是平靜地說：「多謝你的美意，你真是我的好兄弟。」

舜有如此廣闊的胸懷，是他成為眾人信服的重要基礎。

林則徐有一句名言：「海納百川，有容乃大。」與人相處，有一分退讓，就受一分益；吃一分虧，就積一分福。相反，存一分驕，就多一分挫辱，占一分便宜，就招一次災禍。

一個人，對於事業上的失敗，能自認這方面的錯誤，就能讓人感德；在有成就時，能讓功於他人，就能讓人感恩。老子說：「事業成功了而不能居功。」不僅讓功要這樣，對待善也要讓善，對待得也要讓得。凡是壞處就歸於自己，好處都歸於他人。他人得到名，我得他這個人；他人得到利，我得到他這個心。二者之間，輕重怎樣？明眼人一看，就知道分寸了。

讓人為上，吃虧是福。所以曾國藩說：「敬以持躬，讓以待。敬，就要小心翼翼，事情不分大小，都不敢忽視。讓，就什麼事都留有餘地，有功不獨居，有錯不推諉。念念不忘這兩句話，就能長期履行大任，福祚無量。」

從另一個角度來看，沒有人是一輩子不吃虧的，問題在於我們如何看待「吃虧」這件事。

既然吃虧有時無法避免的，那何必要去計較不休、自我折磨呢？事實上，人與人之間總是有所不同的。別人的境遇如果比你好，那無論怎樣抱怨也無濟於事。最明智的態度就是避免提及別人，避免與人比較這、比較那。你應該將注意力放在自己身上，「他能做，我也可以做」，以這種寬容的姿態去看待所謂的「不公平」，就會有一種好的心境，好心境也是一種生產力，是創造未來的重要基礎。

將要取之，必先予之，這也是一種高明的處世方法。大凡身為主管，都喜歡辦事得力、不斤斤計較個人得失的部下。尤其陽剛之氣過盛的主管，更不喜歡這樣的部下。要取得信任，首先自己就要付出巨大的努力。

凡是主管交給你的工作，都要盡最大的力量去完成，爭取每一件事都做得漂漂亮亮。對待個人利益一定要以大局為重，不去斤斤計較。遇到一些非原則性的小事，儘管自己覺得委屈，也不要去招惹上司，以免和他產生對立情緒。這樣就會讓他覺得，他欠你的太多，在需要的時候，他必然首先想到你。常言說：「吃虧是福」，就是這個道理。

賽賽主公說

佛界有一幅名聯：「大度能容，容天下難容之事；開懷一笑，笑世間可笑之人。」古人還常說：「將軍額上能跑馬，宰相肚裡可撐船」，這些話無非是強調為人處世要豁達大度。這些歷史上忍讓的故事，吃虧的一方並沒有因自己的損失和難堪而大發雷霆，懷恨在心。相反，他們都表現出寬宏大量、豁達開朗、毫不計較的美德和風度。結果不僅沒有受到更多的損失、得到更多的難堪，反而在不知不覺中平息了糾紛，博得了別人的頌揚。

週五

蹲馬桶

看清他人認清自己

掌握看穿人心的智慧

漢高祖劉邦和呂后只生了一個兒子，劉邦死後，他的兒子繼位，就是漢惠帝。漢惠帝繼位時年僅十七歲，並且一直體弱多病，所以朝中大事，多由呂后做主。沒想到公元前一八八年八月，漢惠帝在位僅七年，這位二十四歲的年輕皇帝就去世了。這對於僅有一子的呂后來說，是一件多麼悲痛的事情啊！

祭奠漢惠帝的時候，眾大臣及呂后都聚在惠帝的靈柩前，眾大臣無不為惠帝的英年早逝而痛哭失聲，但是，呂后的哭聲卻與其他人不一樣，聲音特別高，簡直就是在哀嚎。令人奇怪的是，呂后儘管顯得很悲傷，但卻沒有眼淚掉下來。祭奠結束時，眾大臣都很納悶，連老謀深算的丞相陳平也猜不透呂后的心思。按理說，呂后已六十多歲了，漢惠帝又沒有留下一個可以繼位的兒子，老年喪子應該是大不幸的，她沒有理由不哭。

當時，在祭奠的人群中，有一個十五歲的少年官員，他是張良的兒子，叫張辟強，在朝中任侍中。他似乎看出陳平等老臣們的疑惑，就問陳平說：「太后只有孝惠皇帝一子，今天駕崩，但哭而不悲，您知道其中的原因嗎？」

陳平一聽，心裡一愣，知道張良的後代出語不凡，肯定有不同的見解。於是，在散朝時私下裡向張辟強請教。

張辟強說：「惠帝早逝，身後無成年兒子接續大統，因此呂太后對元勳大臣有所疑懼，她心裡面惦記的是江山是否穩固，怎麼會哭得安心呢？」

陳平一聽，覺得有道理，便問：「那麼，依你看怎麼辦呢？」

張辟強說：「呂太后擔心的是兵權。丞相不妨向太后推薦，讓太后的侄子呂台、呂產、呂祿為大將，掌握皇宮的軍隊。」

第二天，陳平按照張辟強的意見向呂后上了一道奏疏。果然，呂后很高興地任命了她的幾個侄子掌管兵權。

再一次哭祭惠帝時，呂后果然悲痛欲絕，淚如泉湧。這時，六十多歲的陳平心裡暗暗佩服張辟強的精明與智慧。

賽賽主公說

俗話說：「畫人畫虎難畫骨，知人知面不知心。」看穿人心是非常困難的；但掌握這種智慧也是非常重要的。一旦掌握了看穿人心的智慧，就能夠知道平常人不知道的事物，能夠預斷普通人無法斷定的事情。所以，你就能夠躲避災害，獲取利益，成就名聲，樹立事業。

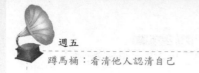

不管別人怎麼說，都要保持冷靜的頭腦

戰國時期，各諸侯國之間互相攻伐，為了使彼此能夠真正的遵守信約，諸侯國之間常將太子交給對方作為人質。《戰國策．魏策》有一段記載：

魏國大臣龐蔥，將要陪魏太子到趙國去作人質。臨行前對魏王說：「現在有個人說街市上出現了老虎，大王可相信嗎？」

魏王道：「我不相信。」

龐蔥說：「如果有第二個人說街市上出現了老虎，大王可相信嗎？」

魏王道：「我有些半信半疑了。」

龐蔥又說：「如果有第三個人說街市上出現了老虎，大王相信嗎？」

魏王道：「我當然會相信。」

龐蔥就說：「街市上不會有老虎，這是很明顯的事，可是經過三個人一說，好像真的有了老虎。趙國國都邯鄲與魏國國都大梁之間的距離，比這裡的街市遠了很多，議論我的人又不止三個，希望大王明察才好。」

魏王道：「一切我自己知道。」

完畢，龐蔥就和魏太子前往趙國去了。幾年之後，戰局相對平靜，龐蔥陪太子回國，魏王果然沒有再召見他。

街市是人口集中的地方，當然不會有老虎。說街市上有虎，顯然是造謠、欺騙，但許多人都這樣說，如果不是親眼查證真相，往往會信以為真。

這故事本來是諷刺魏惠王無知，但後世人引申出「三人成虎」這句成語，藉以比喻有時謠言可以掩蓋真相的意思。例如：判斷一件事情的真偽，必須經過細心的考察，不能道聽途說，否則「三人成虎」，會讓人誤把謠言當成真實。

即使像曾子母親那麼明智的人，在這方面也會受別人的迷惑。

曾參是孔子的學生，家鄉在費邑。有一個與他同名同姓也叫曾參的人，有一天在外鄉殺了人。頃刻間，一股「曾參殺了人」的傳聞便席捲了曾子的家鄉。

第一個向曾子母親報告情況的是曾家的鄰居，鄰人當然沒有親眼看見殺人兇手，他是在案發以後，從一個目擊者口裡得知兇手名叫曾參的。當鄰人把「曾參殺人」的消息告訴曾子的母親時，並沒有引起預想的那種反應。曾子的母親一向以兒子為傲。他是儒家聖人孔子的好學生，怎麼會做出傷天害理的事情呢？曾母聽了鄰人的話，不驚不憂。她一邊安之若素、有條不紊地織著布，一邊斬釘截鐵地對那個鄰人說：「我的兒子不會去殺人的。」

沒隔多久，又有一個人跑到曾子母親面前說：「曾參真的在外面殺了人。」曾子的母親仍然沒有理會這句話。她還是坐在那裡不慌不忙地穿梭引線，照常織著布。

又過了一會兒，第三個報信的人跑來對曾母說：「現在外面議論紛紛，大家都說曾參的確殺了人。」曾母聽到這裡，心裡驟然緊張起來。她害怕這種人命關天的事情會株連親眷，因此顧不得打聽兒子的下落，急忙扔掉手中的梭子，關緊院門，端起梯子，越牆從僻靜的地方逃走了。

以曾子良好的品德和慈母對兒子的瞭解、信任而論，「曾參殺人」的說法在曾母面前應該是完全不可信的。然而，即使是不確實的說法，如果說的人很多，也會動搖一個慈母對自己賢德兒子的信任。由此可以看出，缺乏事實根據的流言是可怕的。

賽賽主公說

有人說：「謊言被重複一千遍，就變成了真話。」這話雖然未必完全正確，但也有一定的道理。生活中，很多人都經不住讒言的反覆攻擊，以致做出錯誤的判斷。為了避免上當受騙，不管別人怎麼說，都要保持冷靜的頭腦。應該根據確切的事實資料，用分析的眼光看問題，而不要輕易地去相信流言。

從小事和細節著手瞭解別人

中日甲午海戰前，日本間諜偽裝到北洋軍艦上偵察。當時，北洋海軍的軍艦在whether頓位、數量等都與日本不相上下，可是中國軍艦的炮塔上居然橫七豎八地晾著短褲、襪子。日本間諜就把這一「發現」寫在情報中，並分析道：「這是一支紀律鬆散、管理混亂的軍隊，不會有強大的戰鬥力。」果然，海戰一開，北洋海軍慘敗，最終全軍覆沒，未被摧毀的軍艦也都成了日軍的戰利品。

明代朱棣發動靖難之役時，解縉與胡廣、吳溥、周是修、王艮、胡靖、方孝孺等七位名士相約要為建文皇帝守節，以標千古風節。

之後，解縉便悄悄指派家人「瞧瞧胡廣有什麼動靜」。

家人回來說：「沒什麼動靜，只聽見胡大人問『豬餵了沒有？』」

解縉聽了心想：「一豬尚不肯捨，況肯捨生命乎？」於是心安理得地活了下來。

明成祖繼位後，七位要為孝文帝死節的名士中，方孝孺壯烈而死，周是修被殺，王艮服毒自盡，而胡廣等四位「名士」厚顏無恥地做了「降臣」。

賽賽主公說

在以上所舉的例子中，在軍艦的炮塔上晾衣服以及是否餵豬的回話，都是一些很小的細節，但正是這些細節反映出了深層的意義，被目光敏銳的人所捕捉，因而成為預測事物發展趨勢的徵兆。

練就識破騙子的慧眼

燕王有收藏各種精巧玩物的嗜好。有時他為了追求一件新奇的東西，甚至不惜揮霍重金。因此，「燕王好珍玩」的名聲不脛而走。

有一天，一個衛國人到燕都求見燕王。他見到燕王後說：「我聽說君王喜愛珍玩，所以特來為您在棘刺的頂尖上刻獼猴。」

燕王一聽非常高興。雖然王宮內有金盤銀盞、牙雕玉器、鑽石珠寶、古玩真跡，可是從來還沒有聽說過棘刺上可以刻獼猴。因此，燕王當即賜給那衛國人三十萬錢的賞金。

隨後，燕王對那衛國人說：「我想馬上看一看你在棘刺上刻的猴。」

那衛人說：「棘刺上的獼猴不是一件凡物，有誠心的人才能看得見。如果君王在半年內不入後宮、不飲酒食肉，並且趕在一個雨過日出的天氣，陰晴轉換的那一瞬間去看，屆時您將如願以償看到刻有獼猴的棘刺。」

不能馬上看到棘刺上刻的獼猴，燕王只好先用俸祿養著那個衛國人，等待有機會再說。

地方有個鐵匠聽說了這件事以後，覺得其中有詐。於是向燕王獻了一個主意。這匠人對燕王說：「在竹、木上雕刻東西，需要有鋒利的刻刀。我是一個打製刀斧的匠人，據我所知，被雕刻的物體一定要容得下刻刀的鋒刃。既然棘刺的頂尖連刻刀的鋒刃都容不下，那怎樣進行雕刻呢？如果那衛人真有鬼斧神工，必定有一把絕妙的刻刀。君王用不著等上半年，只要現在看一下他的刻刀，立即就可知道用這把刀能否刻出比針尖還小的獼猴。」

燕王一聽，拍手說道：「這主意甚好！」

燕王把那衛國人召來問：「你在棘刺上刻猴用的是什麼工具？」

衛國人說：「用的是刻刀。」

燕王說：「我一時看不到你刻的小猴，想先看一看你的刻刀。」

衛國人說：「請君王稍等一下，我到住處取來便是。」

燕王和在場的人等了約一個時辰，還不見那衛國人回來，便派侍者去找。侍者回來後說道：「那人已不知去向了。」

賽賽主公說

打著各種旗號來行騙的騙子總是很精明，他們具有的能力也不是一般人能夠看出來的。只有練就過人的慧眼，具有靈活的思維，善於從多角度考慮問題，才能夠避免上當受騙。

看來，再狡猾的騙子也會有破綻，只要不被其天花亂墜的吹噓語言所迷惑，冷靜地分析和判斷，就一定能夠看穿他們的真面目。

旁敲側擊刺探信息

戰國時候，齊宣王的王后去世了。當時任相國的孟嘗君思考著：「王后去世了，大王一定會立一個新王后，但大王會立誰為新王后呢？王宮中佳麗甚多，其中受大王寵愛的就有七個。但到底誰才是大王最鍾愛的呢？」

這可是個難題，如果孟嘗君能弄清楚齊王屬意於誰，他就可以向齊王建議冊封此人為新王后，齊王必會十分高興，新王后也會感激他。這樣對他未來的發展大有好處。

怎樣才能知道齊王心中的人選呢？顯然，直接問齊王不是一個好辦法。

吃飯的時候，孟嘗君還在想著這個問題。忽然，他的目光在孟夫人那對漂亮的大耳環上停了下來。「有了！」他禁不住喊出聲來。

夫人吃了一驚：「你怎麼了？」

孟嘗君回過神來說：「妳趕快派人去替我做七對上等玉耳環，不惜工本，都要有妳自己的耳環這麼好。但是其中有一對需要格外精美些！」

兩天後，七對耳環都做好了，五顏六色的都有，每隻都很精美。其中一對翡翠色的耳環，晶瑩剔透，格外漂亮。孟嘗君見了，非常高興，立刻拿著耳環興沖沖地進了王宮。

孟嘗君向齊宣王行了禮，然後拿出耳環，對他說：「臣昨天得到七對玉耳環，都很精美，特來獻給大王。請大王過目！」說完，還特意拿出那對翡翠色的玉耳環給宣王欣賞。

宣王也很喜歡這些耳環，他稱讚了一番，爽快地收下了。君臣二人閒聊了一陣，孟嘗君就告辭回府了。

第二天，孟夫人按孟嘗君的安排去拜訪王妃們，玩了一整天才回來。晚上，她悄悄地告訴丈夫，那對翡翠色的耳環戴在楊妃的耳朵上了。

第三天早晨，孟嘗君上朝，出班奏道：「王后仙逝時日已久，宮中不可長期無后。臣聽說楊妃才德過人，建議大王立為王后！」

「准奏。」齊宣王爽快地答應了。

孟嘗君看出，宣王心裡很高興，他自己心裡當然更高興。

孟嘗君不愧是宰相之才，為了摸清宣王心中的隱祕，他並沒有直接去找宣王或宮中人物刺探消息，而是想法讓宣王自己顯露出來，透過旁敲側擊的方法，為自己解決了難題。從而贏得了君王對自己的信任。

賽賽主公說

信息就是財富，抓住信息，成功的機會就會越多。在生活中，誰對信息的反映最為敏捷，並能夠迅速採取行動，誰就可能成為贏家。收集信息，有時依靠常規方法是行不通的。這時，就要多動腦筋，採取靈活、新穎的手段。

把智巧隱藏在笨拙中

在《紅樓夢》中，王熙鳳可以說是一個精明的代表，小說中多處展露了她過人的精明。

比如，小說第四十六回有這樣的情節：鳳姐因邢夫人找她，不知道是什麼事，就穿戴了一番，坐車過來。

邢夫人將房內人遣出，悄悄地對鳳姐說：「叫你來不為別的，有一件為難的事，老爺托我，我不得主意，先和你商議。老爺因看上了老太太屋裡的鴛鴦，叫我和老太太討去。我想這倒是常有的事，就怕老太太不給。你可有法子辦這件事麼？」

王熙鳳萬萬沒想到，婆婆將這樣一件尷尬事推到自己面前。一方面婆婆交辦的事不好推托，另一方面鴛鴦是賈母最信任的大丫頭，如果插手此事，肯定會得罪賈母。鳳姐想了想，決意避免介入這件尷尬事。

她笑著對邢夫人說：「依我看，還是別碰這個釘子去。老太太離開了鴛鴦，飯也吃不下，那裡捨得了？太太別惱，我是不敢去的。老爺如今上了年紀，行事不免有點兒背晦，太太勸勸才是。比不得年輕，做這些事無礙。如今兄弟、侄兒、兒子、孫子一大群，還這麼鬧起來，怎麼見人呢？」

王熙鳳企圖用這些話打消邢夫人替賈赦要了鴛鴦的念頭。但是，稟性愚弱、只知奉承賈赦以自保的邢夫人不識相，王熙鳳勸她別去碰釘子，她卻先讓王熙鳳碰了釘子。邢夫人道：「大家子三房四妾的也多，偏咱們就使不得？我勸了也未必依。我叫了你來，不過商議商議，你先派了一遍的不是！豈有叫你去的理？自然是我說去。你倒說我不勸！你還是不知老爺的那性子的！勸不成，就先和我鬧起來。」

王熙鳳知道再勸下去，婆婆就會對自己不滿了，忙換個方式說：「太太這話說的極是。我才活了多大，知道什麼輕重？想來父母跟前，別說一個丫頭，就是那麼大的一個活寶貝，不給老爺給誰？我先過去哄著老太太，等太太過去之後，我藉口搭訕著走開，把屋子裡的人也帶開，太太好和老太太說，給了更好，不給也沒妨礙，眾人也不能知道。」

王熙鳳這番話既為自己脫身，又為邢夫人出謀劃策。邢夫人見她這般說，便又歡喜起來，說道：「正是這個話了。你先過去，別露了一點風聲，我吃了晚飯就過去。」

鳳姐心裡暗想：「鴛鴦素昔是個極有心胸氣性的丫頭，保不準她不願意。我先過去，太太後過去，她要依了，便沒的話說；倘或不依，太太是多疑的人，只怕疑我走了風聲。那時太太見又應了我的話，羞惱變成怒，拿我出起氣來，倒沒意思。不如同著一齊過去了，她依也罷，不依也罷，就疑不到我身上了。」這樣做既避免賈母懷疑她與邢夫人勾結，又避免邢夫人懷疑她從中作梗。

於是鳳姐兒向邢夫人撒起謊來：「舅母那邊送了兩籠子鵪鶉，我吩咐他們炸了，原要趕太太晚飯上送過來。我才進大門時，見小子們抬車說：『太太的車拔了縫，拿去收拾去了。』不如這會子坐我的車，一齊過去倒好。」邢夫人見鳳姐說的有理，便命人來換衣裳。鳳姐兒忙著扶持了一回，娘兒倆坐車過來。

到了賈母住的門口，鳳姐又說：「太太過老太太那裡去，我要跟著，老太太會問起我過來做什麼，那倒不好。不如太太先去，我脫了衣裳再來。」

邢夫人哪裡知道，王熙鳳以換衣服為借口逃離了「是非之地」，自己巧妙地躲開了。

邢夫人先與賈母說了一會兒閒話，然後到鴛鴦的臥房向鴛鴦攤了牌，結果碰了一鼻子灰。鴛鴦最後哭鬧著來到賈母面前，表示誓死不離賈母的決心。此時的賈母果然不出所料，氣得渾身打顫，把在場的人不分青紅皂白地全都臭罵了一頓：「我只剩這麼一個可靠的人，你們還要來算計！外頭孝順，暗地裡盤算我！剩這個毛丫頭，見我待她好了，你們自然氣不過，弄開她，好擺弄我！」邢夫人被賈母數落得滿臉通紅，渾身感覺不自在。後來，王熙鳳也來到了現場，賈母責怪她幾句，她便用早已想好的幾句中聽的話哄得賈母沒了脾氣。

王熙鳳為人處世就是這樣的精明。這樣「機關算盡」固然能少吃些眼前虧，但是卻活得太累、太苦，以致於「反誤了卿卿性命」，落得個英年早逝的下場。

賽賽主公說

有一個很有學問的詞，叫做「重劍無鋒」，真正有份量的劍不需要鋒芒畢露。最美的玉發出最柔和的光，一個理智成熟的人應該懂得含蓄，懂得藏拙，懂得分寸。

中國古代的賢哲經常強調，做人要把智巧隱藏在笨拙之中，不可顯得太聰明，收斂鋒芒，才是明智之舉。寧可隨和一點也不可太自命清高，要學會以退縮求前進的方法。這才是立身處世最有用的救命法寶。

糊塗人生的哲學

鄭板橋幼年家貧，靠教書賣畫為生，清康熙年間考中秀才，雍正年間中舉人，乾隆年間中進士，算是從貧民階層走出來的知識分子。也正因為如此，他在當上知縣後，為官清廉，深得老百姓的擁戴。後來因為幫助老百姓打官司，又在辦理賑濟公務中開倉放糧，拯救老百姓，因此得罪了豪紳官宦，因而被罷官，回揚州賣畫。鄭板橋擅畫竹蘭，工書法，能詩文。看他的書畫，便知他的人品，讀他的詩文，便知他的品德。

難得糊塗的鄭板橋，的確大有過人之處。鄭板橋首先就明白天下第一等的大道理：人要活著，就必須吃飯穿衣，自然也就離不開農夫的春耕、夏鋤、秋收、冬藏。他在《范縣署中寄舍弟墨第四書》中，諄諄教導、反覆叮囑堂弟鄭墨：

「我想天地間第一等人，只有農夫，而士為四民之末。農夫上者種地百畝，其次七八十畝，其次五六十畝，皆苦其身，勤其力，耕種收穫，以養天下之人。使天下無農夫，舉世皆餓死矣。」「工人製器利用，賈人搬有運無，皆有便民之處。而士獨於民大不便，無怪乎居四民之末也！」今天讀來也頗有此以農為重的道理。

「學而優則仕」一族，為鄭板橋所不齒。他在信中對此等人痛斥道：「今則不然，一捧書本，便想中舉人中進士做官，想著如何攫取金錢，造大房屋，置多田產。一開始便走錯了路，後來越做越壞，總沒有個好結果。其不能發達者，鄉里作惡，小頭銳面，更不可當。」

鄭板橋還舉牛郎織女的起名來源為例，告誡堂弟務必尊重農人。他說：「織女，衣之源也，牽牛，食之本也，在天星為最貴。天顧重之，而人反不重乎？其務本勤民，呈象昭昭可鑑矣。」

鄭板橋的愛子、教子之道也是有獨到之處。他在《濰縣署中寄舍弟墨第二書》中，就專談了自己的愛子、教子之道。他說：「余五十二歲始得一子，豈有不愛之理！然愛之必以其道，雖嬉戲玩耍，多令忠厚悱惻，毋為刻急也。」「要須長其忠厚之情，驅其殘忍之性，不得以為猶子而使縱惜也。」鄭板橋愛子不縱容，教子先樹德。教育孩子做堂堂正正之人，忠誠老實之人，心地善良之人。僅此一點，足見鄭板橋的喜忠厚、重品德。這也是鄭板橋親眼目睹紈褲子弟輕薄無禮、奢侈腐化成風引出的反思。

鄭板橋還告誡弟弟說：「家人（僕人）兒女，都是天地間一般人，當一般愛惜，不可使吾兒凌虐他。凡魚飧果餅，宜均分散給，大家歡喜雀躍。」他把僕人的兒女看成和自己的子弟一樣，不許自己的兒女欺侮輕視他們，這是何等的難能可貴！不僅如此，他還警醒道：「讀書中舉中進士為官，此是小事，第一要明理做個好人。」他教育兒女讀書不要只為了做官，首先要做人，做個明理的好人——也就是有益於人民和社會的人。這是鄭板橋置官場十餘載，目睹官場腐敗，貪官橫行，清官難當，老百姓視官吏如虎狼所得出的結論。

封建社會皇權的專制，必然導致政治腐敗，政局動盪，官貪吏虐，民不聊生。因而，做人難，為官亦難。鄭板橋寫「難得糊塗」，正因為此。

賽賽主公說

歷史上許多睿智的人都發現，生活中處處精明就會很累。因此，「難得糊塗」的處世哲學才廣為傳頌。後人可以對「難得糊塗」做任何註釋，但看鄭板橋的一生，他自己對「難得糊塗」卻有著十分正面的解釋。

當然，真正做到「糊塗」的境界並不是一件容易的事情。所以，鄭板橋最後還是放棄十年寒窗換來的七品知縣，結束官場生涯，回揚州去賣畫糊口了。

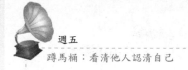

不識字的侍者

南唐廣陵人徐鉉、徐鍇兄弟和鍾陵人徐熙，號稱「三徐」，在江南聲名卓著。三人都以學識淵博、見多識廣、通達古今聞名於北宋朝廷，其中又以徐鉉的聲望最高。有一次恰好江南派徐鉉來納貢，照例要由朝廷派官員去作押伴使。滿朝文武都因為自己的辯才不如徐鉉而生怕中選，宰相趙普也不知究竟選誰為好，就去向宋太祖請示。太祖說：「你暫且退下，朕親自來選擇。」

過了一會兒，宦官命令殿前司聽旨，要他寫出十個不識字的殿中侍者名字，殿前司寫好後，宦官將名單送給太祖。太祖御筆一揮，隨便點了其中一個人的名字，並說：「這個人去就可以了。」在朝的官員都大吃一驚，趙普不敢再去請示，於是就催促那人趕快動身。

那位殿中侍者不知為什麼派他去做使臣，又得不到任何解釋，只好硬著頭皮前去執行命令。一上船，徐鉉就滔滔不絕，詞鋒如雲，周圍的人都為他的能言善辯而驚訝。那位侍者當然無言以對，只是一個勁點頭稱是。徐鉉不瞭解他的深淺，愈發喋喋不休，竭力與他交談。一連幾天，那人卻不與徐鉉論辯，徐鉉說得口乾舌燥，疲憊不堪，再也不吭聲了。

當時陶穀、竇儀等名儒衣冠楚楚出入於朝廷，若談論辯之才，難道不如徐鉉嗎？其實宋太祖用的是不戰而使敵人屈服這個兵家之上策。以智者去對付愚者，愚者無法理解；以智者與智者較量，誰也不會服誰。

賽賽主公說

以硬碰硬有些時候是行不通的，在這種情況下，不妨轉換思路，大膽突破常規，採用不戰而屈人之兵的策略，以愚困智，就會取得異乎尋常的效果。

當仁不讓

古代推崇的爭是雍容大度，自信自強，公平的競爭，在該爭的時候，是不必謙讓的。孔子還對他的學生說過，「當仁，不讓於師。」雖說禮尚辭讓，但在為仁這件事上，則要勇往當之，無所辭讓，即使在老師面前也一樣。

我們知道，古人是很尊重老師的，「天、地、君、親、師」，足見老師的地位很高。但當仁之事，師亦不必讓。這就是說，遇大事或原則問題，無論地位多高的人也不應避諱。在歷史重大的事件中，就有很多敢於堅持正確行為，勇於表現才華的故事。

歷史上「何為復讓」的故事，講的就是當仁不讓的道理。晉人王述被調任尚書令，當時尚書令是很高的官職，權比宰相，握有國家大權。朝廷的任命一到，王謐即刻赴任。

王謐的兒子得知後，對父親說：「您應該謙讓一下，把職位讓給杜許吧！」

王謐反問兒子：「你是說我不能勝任這個職務嗎？」

兒子回答：「怎麼不能勝任！您非常合適，但是能謙讓一下總還是好些吧，至少在禮貌上也應該謙讓一下呀！」

王謐搖著頭，感慨地說：「你既然認為我能夠勝任尚書令一職，為什麼又要我謙讓呢？別人都說你將來會勝過我，我看你到底還是不如我啊！」

王謐本是個「安貧守約，不求聞達，性沉靜」的人，但在國家需要自己承擔重任時，卻當仁不讓。他並不是追逐名利，而是一種責任感和自信的表現，因而在歷史上一直被人們所稱道。

謙讓與競爭並不是矛盾的，但要詮釋這兩者於一身，卻需要鍾煉自身的道德修養。

祁奚薦賢，也是歷史上一個很有教益的故事。

祁奚是春秋時晉國人，曾任中軍尉，是一個品德高尚且有才能的人。他老了，請求退休，於是晉侯問他，誰可以接替中軍尉職務。祁奚推薦了解狐，解狐雖是祁奚的仇敵，但祁奚並不因此而否認他的才能。

正要任命解狐時，解狐卻死了。晉侯又問誰可以接替呢?祁奚舉薦了自己的兒子祁午。這個時候，中軍尉佐羊舌職死了，晉侯又請祁奚推薦接替的人，祁奚舉薦了羊舌職的兒子羊舌赤。

祁奚薦賢，內舉不避親，外舉不避仇，正是因為他品德高尚，胸懷坦蕩，因而能夠公正無私地對待他人。

毛遂自薦，脫穎而出;祁奚薦賢，不避親仇;王述赴職，不復謙讓，這些故事中的主人翁都是精明人，雖然他們的行為一時被某些世人認為是「糊塗」或「不明智的」，但是因為他們恪守道德，能夠坦蕩無私地展露才華或給別人提供施展才能的機會，因此，世代為人們所稱頌。

賽賽主公說

中華民族悠久的文明史中，「禮尚謙讓」是一個有著豐富內涵的傳統道德信條。然而「謙讓」並不是一味講退讓、忍讓，在古人的觀念中，「謙讓」是指在名利、權位上的讓，謂之「君子不爭」。而當碰到原則問題，或碰到展露自己才華的機會時，古人又很推崇「當仁不讓」。

用「糊塗」的行為達到真實的目的

從前，易州有一個富家子弟與一位寡婦勾勾搭搭，被寡婦的小叔發現後告發。知州將富家子弟傳來審問，富家子弟狡辯說：「小人雖未中過秀才、舉人，但也是一個讀書知禮之人，一向憐老惜貧，樂善好施，怎會做這種寡廉鮮恥之事？我與他的哥哥原是莫逆之交，他的哥哥不幸亡故後，他的嫂嫂生活無依無靠。我顧念朋友之情，經常以錢糧周濟他嫂嫂，他因感到羞愧而產生忌恨，故而對小人妄行誣告，請大人明察。」

知州知道富家子弟本是一個沾花惹草、尋花問柳之徒，這些都是謊話。但苦於沒有證據，無法治他的罪，於是假作糊塗，偏袒富家子弟，大聲喝斥寡婦的小叔：「你竟敢如此污辱你的嫂嫂，也使你的哥哥受羞恥於九泉之下，實是大膽刁民。如若膽敢再來告狀，定重罰嚴懲！」接著，知州笑著對富家子弟說：「你是一個悲天憫人的大善人，不要和他一般見識。請你先退到一旁，看本官斷案賢明與否？」

接下來知州所審理的案件，是兩人互相借債六千錢，已過時限，本息未還。借債人對此供認不諱，愁眉苦臉地說：「並非小人有意賴帳，實因家貧無力償還，求大人開恩！」

知州聽後深表同情，對富家子弟說：「你這個大善人發發慈悲，代他償付了六千錢如何？」富家子弟忍痛應允，隨即想起身告退。

知州說：「且慢，待本官審完其他案件再走不遲。」

知州審理的下一個案件是父親控告兒子不孝，兒子聽說父親要告官，便畏罪潛逃。知州又對富家子弟說：「這位老人之子不孝，理應受到懲教，但現在已逃往他鄉。今天若不懲處不孝之子，老人氣憤難消。你既然喜歡行善，由你代其子受笞罰如何？」

富家子弟連忙叩頭，哭喪著臉說：「這笞罰之事，怎可由小人代替？」

知州語氣嚴肅地說：「有何不可，這也是行善之舉。」

手下立刻將富家子弟按倒在地，痛打三十大板。

然後，知州滿面笑容地對富家子弟說：「本官這裡待審的案件堆積如山，你若還想行善，可以繼續聽下去。」

富家子弟這才如夢方醒，叩頭如搗蒜一般，連連懇求知州開恩，表示今後再也不胡作非為了。

賽賽主公說

「糊塗」的行為不僅可以用於生活方面，還經常被用在工作中。比如故事裡，辦案需要有確鑿的證據，沒有證據時，為了公正執法，假作糊塗，也不失為一種高明的策略。知州的斷案方式「糊塗」得讓人發笑，但是他用這種方式，在沒有證據的情況下巧妙地懲治惡人，倒不失為一種精明的辦法。

愚蠢的宋襄公

宋襄公見齊國發生內亂，就通知各國諸侯，請他們共同護送公子昭到齊國去接替君位。但宋襄公的號召力不大，多數諸侯都把宋國的通知擱在一邊，只有三個小國帶了些人馬前來。於是宋襄公便率領四國的兵馬打到齊國。齊國大臣一見四國人馬打來，立刻就投降了宋國，迎接公子昭即位，他就是齊孝公。齊國本來只是諸侯的盟主國，如今齊孝公靠宋國的幫助得了君位，宋國的地位自然就提高了。

宋襄公雄心勃勃，想繼承齊桓公的霸業。然而這次他邀約諸侯，卻只有三個小國聽從他的命令，幾個中原大國根本沒理他。於是宋襄公便想借重大國去壓服小國，就決定去聯絡楚國。他認為要是楚國能跟他合作，那麼在楚國勢力底下的那些國家，自然也都歸服他了。他把這個主張告訴了大臣，大臣公子目夷並不贊成他這麼做。他認為宋國只是個小國，當盟主不會有什麼好處。

宋襄公哪裡肯聽他的話，他邀請楚成王和齊孝公先在宋國開會，商議會合諸侯訂立盟約的事。楚成王、齊孝公都同意，決定那年（公元前六三九年）七月約各國諸侯在宋國盂（今河南睢縣西北）地方開大會。到了七月，宋襄公駕著車去開大會。公子目夷說：「萬一楚君不懷好意，可怎麼辦？主公還得多帶些兵馬去。」

宋襄公說：「那不行，我們為了不再打仗才開大會，怎麼反倒自己帶了兵馬去呢？」公子目夷怎麼也說不服他，只好空著手跟著去。

果然，在開大會的時候，楚成王和宋襄公都想當盟主，為此爭鬧了起來。楚國的勢力大，依附的諸侯也多。宋襄公氣呼呼地還想爭論，只見楚國的一班隨從官員立即脫了外衣，露出一身光亮的鎧甲，一窩蜂地把宋襄公捉了起來。後來，經過魯國和齊國的調解，讓楚成王做了盟主，才把宋襄公放了回去。

宋襄公回去後，怎麼也不服氣，尤其想到鄰近的鄭國國君也跟楚成王一起反對他，更加使他惱恨。宋襄公為了出這口氣，決定先征伐鄭國。

公元前六三八年，宋襄公出兵攻打鄭國。鄭國向楚國求救。楚成王不但不去救鄭國，反倒派大將帶領大隊人馬直接去攻打宋國。宋襄公沒提防到這一招，連忙趕回來。宋軍在泓水（在河南柘城西北）的南岸，駐紮下來。

兩軍隔岸對陣以後，楚軍開始渡過泓水，進攻宋軍。公子目夷瞧見楚人忙著過河，就對宋襄公說：「楚國仗著他們人多兵強，白天渡河，不把咱們放在眼裡。咱們趁他們還沒渡完的時候，迎頭打過去，一定能打個勝仗。」

宋襄公說：「不行！咱們是講仁義的國家。敵人還沒有渡河，咱們就打過去，還算什麼仁義呢？」

說著說著，全部楚軍已經渡河上岸，正在亂哄哄地排隊擺陣勢。公子目夷心裡著急，又對宋襄公說：「這會兒可不能再等了！趁他們還沒擺好陣勢，咱們趕快打過去，還能抵擋一陣。要是再不動手，就來不及了。」

宋襄公責備他說：「你太不講仁義了！人家隊伍都沒有排好，怎麼可以打呢？」

沒多久工夫，楚國的兵馬已經擺好陣勢。一陣戰鼓響，楚軍就像大水沖堤壩，嘩啦啦地直衝過來。宋國軍隊哪兒擋得住，紛紛敗下陣來。宋襄公指手劃腳，還想抵抗，可是大腿上已經中了一箭。還虧得宋國將軍帶著一部分兵馬，拼著命保護宋襄公逃跑，總算保住了他的命。

宋襄公逃回國都商丘，宋國人議論紛紛，都埋怨他不該跟楚國人打仗，更不該用那樣的方式打。公子目夷把大家的議論告訴宋襄公。宋襄公揉著受傷的大腿說：「依我說，講仁義的人就應該這樣打仗。比如說，見到已經受了傷的人，就別再去傷害他；對頭髮花白的人，就不能捉他當俘虜。」

公子目夷真的耐不住了，他氣憤地說：「打仗就為了打勝敵人。如果怕傷害敵人，那還不如不打；如果碰到頭髮花白的人就不抓，那就乾脆讓人家抓走算了。」

宋襄公受了重傷，過了一年就死了。

賽賽主公說

宋襄公一心想成為時代的霸主，但是愚蠢的行為和思想方式，使他最後落得個悲慘的結局。關鍵就是在於他不能看清時局，沒有認清他人和自己，從而失去很多成功的機會。

李白蔑視權貴

唐玄宗六十一歲那年，愛上了年輕的楊貴妃。據說，楊貴妃是個少見的美人，而且生得聰明伶俐，懂得音樂。唐玄宗把她的兩個哥哥都封了官，三個姐姐都封為夫人。楊貴妃有個遠房堂兄弟楊釗（後來改名楊國忠），在蜀中窮得過不了日子，聽到堂妹封了貴妃，就帶點禮物到長安找楊貴妃。楊貴妃在玄宗面前說了幾句好話，楊國忠就當上了禁衛軍參軍。

唐玄宗早把政事交給了李林甫。有了楊貴妃以後，他更是經常在宮裡尋歡作樂，連每天例行的早朝也懶得上了。楊貴妃想要什麼，他就想方設法替她辦到。楊貴妃愛吃新鮮的荔枝，而荔枝是南方生產的水果，長安位在西北，哪來的荔枝？唐玄宗為了討楊貴妃的歡喜，特地下命令叫嶺南官員派人騎著快馬拼命趕送，像接力棒一樣，一站一站把荔枝運到長安。荔枝到楊貴妃手裡的時候，還又紅又香，味道也沒變。

唐玄宗、楊貴妃每天飲酒作樂，少不了叫人奏奏音樂，唱唱歌曲。但是宮裡原來的老歌詞都聽膩了，他想找人填點新歌詞。有一個官員賀知章在唐玄宗面前說，長安新來了一個大詩人，名叫李白，是個天才詩人，無論做詩寫文章，都十分出色。唐玄宗早就聽到過李白的名聲，就吩咐賀知章趕快通知李白進宮。

李白字太白，是唐代最著名的大詩人之一。他出生在碎葉，是隴西成紀（今甘肅秦安東）人，從小博覽群書，性格豪放，除讀書之外，還舞得一手好劍。李白二十多歲起，為了增長見聞，到各地遊歷。他不僅到過長安、洛陽、金陵、江都許多大城，還到過洞庭、廬山、會稽等許多名山勝地。由於他見識廣博，加上才智過人，因此他在詩歌寫作上有了傑出的成就。

李白是個有政治抱負的人，但他生性高傲，對當時官場上的腐朽風氣很不滿意，希望得到朝廷任用，讓他有機會施展政治才幹。這一次到長安來，聽到唐玄宗召見他，也很高興。

唐玄宗在宮殿上接見了李白，和他談了一陣，覺得他的確很有才華，高興地說：「你是個平民百姓，但你的名字連我都知道了，要不是有真才實學，怎麼可能這樣出名呢？」接見以後，唐玄宗就把李白留在翰林院，請他專門負責起草詔書。

李白愛好喝酒，一喝起酒來，就要喝到酩酊大醉。進了翰林院之後，他改不了這個習慣，空下來，還是找一些詩友到長安酒店裡去喝酒。

有一次，唐玄宗叫樂工寫了一支新曲子，還沒填上歌詞，就命令太監去找李白，太監們在翰林院和李白家都沒找到他，有人告訴太監，李白上街喝酒去了。太監們在長安街上找呀找呀，好不容易在酒店裡找到李白，原來李白喝醉了酒，躺在那裡睡著了。太監把他叫醒，告訴他皇上召見。李白揉揉眼睛，站起了身，問發生了什麼事，太監們來不及跟他細說，七手八腳就把李白拉進轎子，抬回宮裡。

李白進了內宮，抬頭一看是唐玄宗，想行朝拜禮，身子卻不聽使喚。太監們見他醉得厲害，就有人拿了一盆涼水，潑灑在李白臉上，李白才漸漸醒過來。

唐玄宗愛他的才，也不責怪他，只叫他馬上把歌詞寫出來。

太監們忙著在他面前的几案上放好筆硯絹帛。李白席地坐了下來，忽然覺得腳上還穿著靴子，很不舒服。他一眼看見身邊有個年老的宦官，就伸長了腿，朝著那宦官說：「請您幫我把靴子脫下來！」

那個老宦官原來是唐玄宗寵信的宦官高力士。他平時仗著皇帝寵愛，在官員前作威作福，現在一個小小的翰林官居然命令他脫靴，簡直氣昏了。但是唐玄宗在旁邊等著李白寫歌詞，如果得罪了李白，讓唐玄宗掃了興，也擔當不起。他忍住氣，裝出漫不在乎的樣子，笑嘻嘻地說：「唉，真是喝醉了酒，拿他沒辦法。」說著，就跪著替李白脫了靴子。

李白脫了靴子，連正眼也不看高力士，拿起筆來龍飛鳳舞地寫起來，沒有多少時間，就寫好了三首叫做《清平調》的歌詞交給唐玄宗。唐玄宗反覆吟了幾遍，覺得文詞秀麗，節奏鏗鏘，確是好詩，馬上叫樂工演唱起來。唐玄宗十分讚賞李白，但是替李白脫過靴子的高力士，卻從此記恨在心。

有一次，高力士陪伴楊貴妃在御花園裡賞玩景色時，楊貴妃很高興地唱起李白的詩來。

高力士裝作驚訝地說：「哎呀！李白這小子在這些詩裡侮辱了貴妃，您還不知道嗎？」

楊貴妃奇怪地問怎麼回事。高力士就加油添醋地造了一些謠言，說李白寫的詩裡有一句話，把楊貴妃比作漢朝一個行為放蕩的皇后趙飛燕，是有心諷刺她。楊貴妃聽信了高力士的話，真的生了氣，後來在唐玄宗面前一再講李白的壞話，唐玄宗漸漸也看不慣李白了。

李白終於看出在唐玄宗周圍，都是一些像李林甫、高力士那樣趨炎附勢的小人。他留在唐玄宗身邊，不過是幫他解悶散心，若想在政治上有所作為是不可能的。到了第二年春天，李白就上了一道奏章，請求辭官還家。唐玄宗順水推舟批准了他的要求。為了表示愛才，還賜給李白一筆錢，送他回家。

李白離開長安以後，重新過著詩人自由自在的生活，有的時候隱居讀書，有的時候周遊各地。就在這些日子裡，他寫下了許多歌頌唐朝壯麗山河的詩篇。

賽賽主公說

李白的才學在古今中外眾所周知，受世人所景仰。但是他能夠及時的看清時局，寧願過自由清閒的生活，也不願屈服於權勢的品行，更是令人敬佩。

週末蹲馬桶

多變的思維正確的抉擇

冷靜分析，從容應對

太平公主是初唐時期頗有聲名的公主。她的性格很像母親，因此深得武則天的寵愛。一次，武則天賞賜給她各種珍貴寶器，價值黃金千鎰。太平公主收到母親的賞賜，即帶回家中密藏了起來。但是一年之後，寶物不翼而飛。這是聖上御賜的寶物，太平公主不敢隱瞞，立即告訴了武則天。

武則天知道後，認為有損她的顏面，惱羞成怒，立即召來洛州長史，詔令他三日內破案，如限期之內不能緝盜歸案，則以瀆職、欺君問罪。

洛州長史恐懼萬分，急忙召來州屬兩縣主管治安和緝盜的官員，向他們投下制簽，下令兩日之內破案，否則處以死罪。兩縣的緝盜官員們無力破獲這樣的大案，只好又依樣畫葫蘆，召來一班吏卒、游徼，嚴令他們在一日之內破案，否則也是處以死罪。一件疑難大案的偵破任務，便如此一層一層地推了下來。

無法再往下推的吏卒和游徼們，手中拿著上司的命令，都慌了手腳，只得來到神都大街上碰運氣。恰好，他們碰上了人稱「智囊」的湖州別駕蘇無名，於是便一擁而上將這樁「御案」告訴了他。蘇無名聽完後，吩咐他們如此如此，便和他們一塊來到衙門。

一進衙門，這班吏卒、游徼望著主管緝盜的官員高呼：「捉住盜賊了！」他們的話音還未落，蘇無名已應聲進了廳堂。緝盜官一問，眼前來的乃是湖州別駕蘇無名，便轉身怒斥吏卒、游徼們：「膽大妄為之徒，怎能如此侮辱別駕大人！」

蘇無名一見緝盜官訓斥下屬，便朗聲大笑道：「不要怪罪他們。他們請我來此為的是偵破公主萬金被盜的御批大案！」

緝盜官一聽蘇無名是為破案而來，驚喜萬分，便急忙向蘇無名請教破案的妙策。蘇無名神色不動，只是說：「你我可立即去見洛州府長史。見了長史，你只需告訴他，御案由我湖州別駕蘇無名來主持偵破即可。」緝盜官依了蘇無名的主意，帶他前往洛州府。

組盜官和蘇無名二人雙雙來到洛州府。長史一聽破案有了指望，立即行禮迎接蘇無名，感激涕零地拉著蘇無名的手說道：「今日得遇明公，是蒼天有眼，賜我一條生路啊！」說完，洛州府長史摒退左右，向蘇無名徵詢破案的妙策。

蘇無名依然是神色不動，不急不忙地說：「請府君帶我求見聖上。在聖上御旨之下，我蘇無名自有話說！」洛州府長史急於破案交差，立即上疏薦舉蘇無名破案。

蘇無名心中早已有了破案之策，那就是稍安毋躁，以查出賊蹤，故而他見了組盜官，又要見長史，見了長史又要見皇上，這一系列的舉措都是有目的的。

武則天看過洛州府長史的上疏後，決定立即召見湖州別駕蘇無名。

在神都洛陽的宮殿上，蘇無名見到了武則天。武則天劈頭便問：「你果真能為朕捉到盜寶的賊人嗎？」

蘇無名答道：「臣能破案，如果聖上要破案，請依臣三事：一、在時間上不能限制；二、請聖上慈悲為懷，寬諒兩縣的官員；三、請聖上將兩縣的吏卒、游徼交臣差使。如依得臣下所請之事，臣下請在兩個月內，擒獲此案盜賊，交付陛下。」

武則天聽完之後，看了看蘇無名，便點頭答應了他的條件。誰知蘇無名奉旨接辦御案之後，一點動靜都沒有，一晃就是一個多月的光景過去了。一年一度的寒食節又來臨了，這天，蘇無名召集兩縣大小吏卒、游徼會聚於一堂，準備辦案。他吩咐，所有辦案人員全部變裝為尋常百姓，分頭前往洛州的東、北二門附近巡遊偵伺。無論哪一組，凡是遇見胡人身穿孝服，出門往北邙山哭喪的隊伍，必須立即派員跟蹤盯上，不得打草驚蛇，只須派人回衙報告即可。

這邊蘇無名剛剛坐定，就見一個游徼喜滋滋地趕了回來。他告訴蘇無名，已經偵得一夥胡人，其情形正如蘇無名所說，此刻已去北邙山，請蘇無名趕去定奪。蘇無名聽後，立即下令衙役備馬，與來人趕往北邙山墳場。

到達後，蘇無名便問盯哨的吏卒：「胡人進了墳場之後表現如何？」

吏卒稟報說：「一切如別駕大人所料，這伙胡人身著孝服，來到一座新墳前奠祭，但他們的哭聲沒有哀慟之情；燒些紙錢舉奠之後，即環繞著新墳察看，看後似乎在相互對視而笑。」

蘇無名聽到這裡，大喜擊掌，說道：「竊賊已破！」立即下令拘捕那批致奠的胡人，同時打開新墳，揭棺驗看。

吏卒奉命逮捕了胡人，但對開棺之令不免猶豫不前。蘇無名見狀，笑道：「諸位不必疑慮，開棺取贓，破案必在此舉！」

於是，吏卒、游徼們動手掘墳開棺。隨著棺蓋緩緩開啟，棺內儘是璀璨奪目的珠寶。檢點對勘之後，正是太平公主一個月前所失的寶物。

蘇無名一舉偵破太平公主的失竊大案，震驚了神都洛陽。武則天下旨再次召見蘇無名，問他是如何斷出此案的。

蘇無名應詔進殿，對道：「臣下並沒有什麼特殊的神謀妙計，來神都匯報工作的途中，曾在城郊邂逅了這批出葬的胡人。憑借臣下多年辦案的經驗，當即斷定他們是竊賊，只是一時還不知他們下葬埋藏的地點。寒食節一到，依民俗，人們是要到墓地祭掃的。我料定這批借下葬之名而掩埋贓物的胡盜，必定會趁此機會出城取贓，然後趁機席捲寶物逃走。因此臣下差遣兩縣吏卒、游徼便裝跟蹤，摸清他們埋下寶物的地點。據偵伺的吏卒報告，他們奠祭時不見悲慟之情，說明地下所葬不是死人；他們巡視新墳相視而笑，說明他們看到新墳未被人發覺，為寶物仍在墳中而高興。因此我決定開棺取證，果然無誤！」

蘇無名的一番話將破案的關鍵款款道出，說得字字在理，句句人情，武則天極為歎服。蘇無名見狀，又繼續說道：「假如此案依陛下三天之限，強令府君去偵破，結果必因風聲太緊，竊盜們狗急跳牆，輕則取寶逃亡，重則毀寶藏身。那麼，在證毀賊逃的情況下，再去緝盜追寶，就勢必事倍功半了。所以陛下急破之策不宜行，急則無功。現在，官府不急於緝盜，欲擒故縱，盜賊認為事態平緩，就會暫時將棺中寶物放在那裡。只要寶物依然還在神都近處，我破案捕盜就像從口袋中探取什物一般容易了！」

賽賽主公說

做事情不能急於求成，要善於忍耐，冷靜分析，從容地找線索，想辦法，才能圓滿地達到預期的目的。

消除危機於無形

西漢傑出的謀士陳平，在當初投奔漢王劉邦的時候，途中曾發生過一宗險事。春夏之交的一天中午，天空灰濛濛的，碧綠的田野一片靜寂。這時，從楚王項羽的軍營裡走出一個人，身穿將軍服，佩帶一把寶劍，警戒地四下看著，順著田間小路，急匆匆地向黃河岸邊趕去。這個人就是陳平，他偷渡黃河去投奔漢王劉邦。

陳平趕到河邊，輕聲叫來一艘渡船。只見船上有四五個人，都是粗蠻大漢，臉上露出凶相。當時陳平早已覺察上這條船有些不妙，但又沒別的去路。他擔心誤了時間，楚兵會很快追趕上來，只好上了船。

船隻慢慢離開了岸，陳平總算鬆了口氣，但他敏銳地觀察到，船上這幾個人竊竊私語，相互遞著眼色，流露出不懷好意的舉動。

「看來是個大官，偷跑出來的。」

「我想他懷裡一定有不少珍寶和錢，嘿嘿。」

坐在艙內的陳平聽到船尾兩個人這樣低聲議論，並發出陰險的笑聲時，不禁有些緊張。心想：「他們要謀財害命！我雖然身上沒有什麼財物和珍寶，但我獨夫一個，只有一把劍，肯定敵不過他們。如何安全地擺脫危險的困境呢？」

這時船到了河中央時，速度明顯地減緩了。

「他們要下手了，怎麼辦？」陳平在上船時已想好了一條計策。

他從船內站起來，走出船艙說：「艙內好悶熱啊！熱得我都快要出汗了。」陳平邊說邊佯作若無其事地摘下寶劍，脫掉大衣，倚放在船舷上，並伸手幫他們搖船。這一舉動，出乎他們的預料，使他們一時不知道該怎麼辦才好。

陳平很用力地搖船，過了一會兒，他又說：「天氣這麼悶熱，看來是要來一場大雨了。」說著，又脫下一件上衣，放在那件外衣之上。過了一會兒，再脫下一件。最後，他索性脫光了上衣，赤著身子，幫他們搖船。

船上那幾個人，看見陳平沒有什麼財物可圖，就此打消了謀害他的念頭，很快把船划到對岸了。

陳平在這樣的情況下，以他一介文士的身份，不論是向船家極力辯解，還是憑一時血氣之勇拔劍與船家展開搏鬥，恐怕都難以逃脫被船家殺害的命運。陳平能在間不容髮的緊張瞬間想出辦法，不露聲色地把危機消解於無形，不愧為一代著名的謀略家。

賽賽主公說

生活謀略中佔有首要地位的經典信條就是：「未雨綢繆，防患未然」。不管是領導者還是普通人，只要具備預見危機的能力，就是應付危機最高明的策略，也是最精明的做事原則。

危機之際要敢於採取措施

東漢年間，班超幫助哥哥班固一起撰寫《漢書》，但他認為一個男子漢的抱負不應只在紙筆上，就棄文從武。而此時正值北方匈奴屢屢進犯中原，於是班超參加了對抗匈奴的戰爭。他堅毅果敢的性格使他在戰場上屢建功勳。後來，東漢王朝為了聯合西域各國共同抗禦匈奴的侵擾，就派遣班超作為使節出使到西域去。

班超手持漢朝的節杖，帶領著由三十六人組成的使團向西域出發了。他們首先來到了鄯善國。班超晉見了鄯善國王說：「尊敬的國王陛下，我們漢朝的皇帝派我來，是希望聯合貴國共同對抗匈奴。我們都吃過很多匈奴入侵的虧，應該攜起手來，同仇敵愾，匈奴才不敢再猖狂肆虐呀！」

鄯善國王早就知道漢朝是一個泱泱大國，國力強盛，人口眾多，不容小視，現在又見漢朝的使者莊重威儀，頗有大國之風，果然名不虛傳，就連連點頭稱是道：「說得太好了，請您先在鄯國住幾天，聯合抵抗匈奴之事，容過兩天再具體商議吧！」

於是班超他們就住下了。頭幾天，鄯善國王待他們還挺熱情，可是沒過多久，班超便察覺國王對他們越來越冷淡，不但常找藉口避開他們不見，就是好不容易見上了，也絕口不提聯合抗擊匈奴之事。

班超有了一種不祥的預感，他召集使團的人分析說：「鄯善國王對我們的態度越來越不友好了，估計匈奴也派了人來遊說他，我們必須去探察一番，弄清事情的真相。」夜裡，班超派人潛進王宮，果然發現國王正陪著匈奴的使者喝酒談笑，看樣子很是投機，便馬上回來將消息報告班超。

接下來的幾天，班超又設法從接待他們的人口裡打聽到，匈奴不但派來了使節，而且還帶了一百多個全副武裝的隨從和護衛。他意識到事態已經發展到很嚴重的地步，馬上召集使團研究對策。

班超對大家說：「匈奴果然已經派來使者，說動了鄯善國王，現在我們已處於極度危險之中，如果再不採取有效措施，等鄯善國王被說服，我們就會成為他和匈奴結盟的犧牲品。到時候，我們自身難保是小事，國家交給的使命也會無法完成，大家說該怎麼辦？」

大家齊聲答應：「我們服從您的命令！」

班超猛拍了一下桌子，果斷地說：「不入虎穴，焉得虎子！現在我們只有下決心消滅匈奴使者，才能完成我們的使命！」當夜，班超就帶人衝進匈奴所駐的營壘，趁他們沒有防備，以少勝多，終於把一百多個匈奴人全部消滅了。

第二天，班超提著匈奴使者的頭去見鄯善國王，當面指責他說：「您太不像話了，既答應和我們結盟，又背地裡和匈奴接觸。現在匈奴使者已全被我們殺死了，您自己看著辦吧！」鄯善國王又吃驚又害怕，很快就和漢朝簽訂了同盟協議。

班超的舉動震驚了西域，其他國家也紛紛和漢朝簽訂同盟，很多小國也表示和漢朝永久友好，班超終於圓滿地完成了使命。

在危急的情況下，班超能夠做出果斷的決定和必要的冒險，從而取得了具有決定性的勝利。如果這時還在猶猶豫豫，畏縮不前，那麼後果就不堪設想了。

賽賽主公說

在競爭中不冒險就會一事無成。在有些場合，最大的冒險，就是最大智慧的表現。在政治場合是這樣，在生意場合是這樣，在生活中也是這樣。

抓住事情關鍵，採取正確措施

戰國時期，魏國派軍隊進攻趙國。魏國的軍隊很快包圍了趙國都城邯鄲，情況十分危急。趙國眼看抵擋不住魏的攻勢，趕緊派人向齊國求救。

齊國大將田忌受齊王派遣，準備率兵前去解救邯鄲。這時，他的軍師孫臏趕緊勸他說：「想解開一團亂麻，不能用強扯硬拉的辦法；想制止正打鬥得難分難解的雙方，不宜用刀槍對他們一陣亂砍亂刺；想援救被攻打的一方，只需要抓住進犯者的要害，搗毀它空虛的地方。眼下魏軍全力以赴攻趙，精兵銳將勢必已傾巢出動，國內肯定只剩下一些老弱殘兵。魏國此時重兵在外，國內勢必空虛。如果我們抓住時機，直接進軍魏國，攻打魏國都城大梁，魏軍必定會回師來救，這樣，他們撤走圍趙的軍隊來顧及首都的緊急情況，我們不就可以替趙國解圍了嗎？」

一席話說得田忌茅塞頓開，他十分讚賞地說：「先生真是英明高見，令人佩服。」

孫臏接著又補充說：「還有一點，魏軍從趙國撤回，長途往返行軍，必定疲憊不堪。而我軍則趁此時機，以逸待勞，只需在魏軍經過的險要之處布好埋伏，一舉打敗他們就會輕易而舉了。」

田忌歎服孫臏的精闢分析，立即下令按孫臏的策略行事，率兵直奔魏國首都大梁，而且把要攻打大梁的聲勢造得很大，一邊卻在魏軍回師途中設下埋伏。

果然，魏軍得知都城被圍，慌忙撤了攻趙的軍隊回國。在匆忙跋涉的途中，人馬行至桂陵一帶，不防齊軍擂鼓鳴金，衝殺出來。魏軍始料未及，倉皇抵禦，面對有充分準備的齊國軍隊。魏軍被殺得丟盔棄甲，還沒來得及解救都城，便幾乎全軍覆沒。

這次的戰爭中，齊軍大獲全勝，趙國也得到了解救。

賽賽主公說

事物之間是相互制約的，看問題不能就事論事或只注意外顯的因素，而要抓住問題的關鍵和要害，避實就虛，這樣來解決問題可能更為見效。

就像在戰爭中，與其正面之敵，不如先用計謀分散它的兵力，然後各個擊破；與其主動出兵攻打敵人，不如迂迴到敵人虛弱的後方，伺機殲滅。

運用敵人的內部矛盾

公元前二〇五年，楚霸王項羽率大軍十萬圍攻滎陽。漢王劉邦召集謀士陳平等人商議對策。陳平很自信地對劉邦說：「項羽手下的重臣，無非是范增和鍾離昧等人。項羽氣量狹小，生性多疑，漢王若能捨棄黃金萬兩，離間項羽君臣，就會使他們互不信任。待楚軍內部分裂之際，我方乘機進攻，何愁楚軍不滅。」

劉邦連聲稱妙，馬上命人取來大量黃金，交給陳平使用。

陳平先以黃金收買不少楚軍將士，讓他們到處散佈謠言：「鍾離昧身為大將，為項王出生入死，立下許多大功，卻不得封王。現在鍾離昧想與漢王聯合，共同消滅項王，瓜分項王的土地。」果然，項羽聽信了這些謠言，對鍾離昧產生了懷疑，從此不再重用他了。

首計告捷後，陳平又把離間的目標轉向范增。范增是項羽的「智囊」，一肚子鬼主意，漢王劉邦在鴻門宴上差點被他摘掉了腦袋。劉邦提出割讓滎陽以西求和之後，范增極力鼓勵項羽拿下滎陽。這樣，范增更成了劉邦的眼中釘。

有一天，項羽的使者到了滎陽城，陳平命人以招待諸侯的禮遇進行款待。使者洋洋自得，坐在盛宴席上剛要狂飲大嚼時，陳平突然進來了。陳平看了使者一眼，故作驚訝他說：「唉啊！弄錯了，我以為是范增的使者呢，原來是項王的使者。」說罷，陳平命令撤下盛宴，換上極粗劣的飯食。使者憋著一肚子火回到楚軍營中，把這段遭遇報告項羽。項羽聽後果然對范增起了疑心。范增卻被蒙在鼓裡，一個勁地勸項羽速攻滎陽。范增催得越緊，項羽對范增越懷疑。後來范增得知項羽對他起了疑心的傳聞，一怒之下告老還鄉。范增本來就體弱多病，加上氣恨交加，還未到家就發病死了。

身邊沒有了謀士，項羽更加蠻幹了。沒有幾年，他就被劉邦逼得自刎於烏江。

西漢初年，漢高祖劉邦率領大軍與匈奴交戰。劉邦求勝心切，帶領騎兵追擊敵軍，把大隊人馬丟在後面，不料剛剛追到平城，便中了匈奴的埋伏，劉邦被迫困守白登山，等待援兵的到來。然而，漢軍的後續部隊已經被匈奴軍隊分頭阻擋在各要路口，無法前來解圍，形勢十分危急。

到了第四天，被圍困的漢軍糧草越來越少。傷亡的將士不斷增加，劉邦和手下急得像熱鍋上的螞蟻，坐立不安。跟隨劉邦的謀士陳平連日以來，無時不在苦思冥想著突圍之計。這天，他正在山上觀察敵營的動靜，看見山下敵軍中有一男一女指揮著匈奴士兵。一打聽才知道，這一男一女是匈奴王單于和他的夫人閼氏。

他靈機一動，從閼氏身上想出一條計策，回去向劉邦一說，馬上得到了允許。陳平派一名使者，帶著金銀珠寶和一幅圖畫祕密地去見閼氏。使者用高價買通了閼氏帳下的小番，得到進見閼氏的機會。見到閼氏後，使者指著禮物說：「這些珠寶都是大漢皇帝送給您的，大漢皇帝想與貴族和好，所以送來禮物，請務必與匈奴王疏通疏通。」閼氏的心被這份厚禮打動了，全部收下。

使者又獻上一幅圖畫，打開一看，上面畫的是一位嬌美無比的美女。使者說：「大漢皇帝怕匈奴王不答應講和，準備把中原頭號美人獻給他，這就是她的畫像，請您先過目。」

閼氏接過畫像一看，圖上的美女就像天仙一般漂亮。她想，如果自己的丈夫得到如此美麗的中原女子，還有心思寵愛自己嗎？想到這裡，她搖晃著頭說：「這用不著，拿回去吧！我請單于退兵就是了。」使者捲起圖畫，告辭了。

閼氏送走漢軍使者後，去見匈奴王，她說：「聽說漢軍的援軍快打過來了，這裡的漢軍陣地又攻不下來。一旦他們的援軍趕來，咱們就會處於劣勢了。不如接受漢朝皇帝講和的條件，乘機向他們多要些財物。」

匈奴王經過反覆考慮，終於同意了夫人的意見。後來，雙方的代表經過多次談判，達成了停戰協議。

賽賽主公說

為了取得戰爭的勝利，除了利用自己的力量之外，還要充分利用敵方的力量。一般來說，兵不貴分，分則力寡。在敵人之間挑撥是非，製造事端，破壞敵人內部的團結，削弱敵人的力量，都是為己方的勝利提供有利條件。

利用關係解決問題

清代中葉有一位顯赫於道光、咸豐、同治三朝的風雲人物，此公便是大名鼎鼎的曾國藩。他文職任過吏部侍郎，武事更負盛名。咸豐年間，曾國藩奉命督辦團練，編成湘軍，後又率湘軍與太平軍轉戰於武漢及長江各地，最終攻克南京，被授武英殿大學士。晚年則歷任直隸總督、兩江總督等要職，死後還追封「太傅」的官銜，並榮膺「文正公」的謚號。

曾國藩的發跡，離不開其恩師軍機大臣穆彰阿的提攜。而穆彰阿之所以能夠提攜曾國藩，正是因為他善於利用各種關係。

曾國藩在道光末年中進士，是軍機大臣穆彰阿的得意高徒，被授以「檢討」官職。一天，穆彰阿對他說：「明日上朝，我決定正式向皇帝推薦你。你要有個準備，把四書五經多加背誦，皇上或許要試你的才學。」

曾國藩聽了受寵若驚，躬身作揖說：「多謝恩師栽培，晚生自當珍惜這個機遇，絕不負恩師重望。」

第二天，穆彰阿上朝向咸豐皇帝保奏了這個得意門生，請求皇上重用。咸豐皇帝聽了，問道：「你說這個門生才堪重用，不知他有什麼超人才能？」

這一問倒把穆彰阿問住了，惶急中他脫口而出：「曾國藩的超人才能，是善於留神，過目不忘。」咸豐皇帝聽了也沒有說什麼，穆彰阿便告退了。

穆彰阿回到府中，心裡十分懊喪，怪自己剛才只說了那兩句不痛不癢的話，沒好好把曾國藩的才能張揚一番，白白地將大好機會錯過了。誰知咸豐皇帝在穆彰阿走後，卻一直琢磨著他那兩句話，心想，此人要是真有那樣的超人之處，是應該予以重用的，於是咸豐決定先試試曾國藩的才華。

兩天後，咸豐皇帝命太監傳旨給穆彰阿，要曾國藩初一卯時在中和殿候見。穆彰阿大喜過望，忙叫來曾國藩，把這事告訴了他，並千叮嚀萬囑咐，要他好好準備，以應付皇上的測試。曾國藩信誓旦旦，表示決不辜負恩師厚望。

初一這日天未亮，曾國藩即沐浴更衣，穿戴整齊，去了皇宮，隨太監來到中和殿。太監命他等著候見，便關上殿門走了。曾國藩環顧大殿，見殿內金碧輝煌，氣氛肅穆。他不敢坐，挺直身子站著，豎起兩隻耳朵諦聽門外動靜。可是，等了很久很久，仍未見太監前來，他心裡惶恐起來，不知道是凶是吉。後來，他站得腰也酸了，便在大殿上左走右踱，這才見到大殿四壁掛著大清歷代先皇的聖訓，由於心神不定，他也無心細看。

後來，太監終於來了，對他說：「皇上今日沒空，命你明日再來。」

曾國藩怏怏不樂地走出皇宮，這才發覺太陽當空，已是晌午時分了。他急忙到軍機大臣府，把情況稟告了恩師。

穆彰阿聽了，沉思良久，突然問：「你說大殿四壁掛著歷代先皇的聖訓，你記住了多少？」

曾國藩搖搖頭說：「當時我心慌意亂，只留意殿外動靜，哪有心思去細看字幅。」

穆彰阿喊道：「糟了！這定是皇帝為試你『善於留神，過目不忘』的才能而刻意安排的。皇上必定會馬上再召你，這怎麼辦呢？」

聽恩師一說，曾國藩發忼了，跪倒在地，連呼「恩師救我」，穆彰阿命他起來說：「讓我想想辦法。」

這時候，一個家丁進來稟報說：「皇宮總管太監王公公前來求見。」

穆彰阿滿臉不高興地說：「就說我今日誰也不見，請他改日再來。」

家丁回身剛要走，穆彰阿突然把他叫住：「回來，有請王公公在正廳相見。」回過頭來對曾國藩說：「天助我們也，救星來了，你且迴避。」

穆彰阿在正廳熱情接待了皇宮總管太監王公公，請他坐上座，這使王公公受寵若驚。主賓坐定後，王公公不好意思地說：「小的前來，為的是日前求大人為我外甥謀個知縣差使的事，可有眉目？」

穆彰阿說：「區區小事，何勞王公公前來，我已為你辦好了，不日即可到任。」

老太監感激不盡說：「大人如有要小的效勞的事，儘管吩咐。」

穆彰阿說：「對了，我要撰寫一份大清歷代先皇功績錄，煩你將中和殿上所掛歷代先皇的聖訓，今日抄好送來，晚上我撰寫時要用，你能辦得嗎？」

總管太監笑道：「這點小事，哪有辦不得的。」

果然，王公公在天黑前，再次登門，送來了中和殿上所掛的大清歷代先皇聖訓的抄錄。

穆彰阿叫來曾國藩，命他今晚必須把聖訓全部背熟，並告誡說：「你的前途，全在此一舉了。」

曾國藩接過抄錄後，回去徹夜誦讀，背得滾瓜爛熟。

果然，第二天一早，聖旨到，傳曾國藩面見聖上。這天，咸豐皇帝在保和殿召見了曾國藩。

咸豐皇帝問道：「昨天在中和殿上，你一定看見了大清歷代先皇的聖訓，你可曾留意先皇的聖訓都說了些什麼？」曾國藩跪奏，將聖訓背誦如流。

咸豐皇帝又驚又喜，心想：「果真是個善於留神，過目不忘的奇才也，此人理當重用。」

幾日後，聖旨下來，將曾國藩擢升為吏部侍郎。從此，曾國藩青雲直上，飛黃騰達，終於成為朝廷中舉足輕重的風雲人物。

賽賽主公說

且不說曾國藩獲得提拔的是非，穆彰阿在關鍵的時候能夠利用太監幫助自己解決難題，還顯得從容不迫，這種鎮定的心胸的確是一種高超的表現。

一個偉大的人，以他待小人物的方式，來表達他的偉大。一個老謀深算的人，以他利用小人物的方式，來表達他的老謀深算。善於利用各種人物為自己辦事，是一門人情練達的學問。

巧妙平息事端

唐朝李景讓在浙西擔任觀察使期間，有一次軍隊內部群情激憤，氣氛緊張，眼看就要發生兵變。李景讓一籌莫展地歎著氣，坐著等事態的發展。

這件事被他的母親鄭氏知道了，走出內室一看，士兵們一個個瞪著眼睛，憋著一肚子的怒氣，怨聲載道的鼓譟起來。她把一個士兵找到身邊，友善地和他說話。士兵看李母十分誠懇的樣子，就告訴她士兵的情緒都是衝著她兒子來的。

原來，李景讓性格暴戾，不懂得愛護士兵，軍中都有怨言。近日有一位副將當面頂撞了他，李景讓竟然命令衛士用刑杖將副將活活打死。此事激起公憤，還不知怎樣收場呢！

鄭氏在軍中生活多年，知道一旦發生兵變，不僅兒子的生命和前程丟了，而且還會替國家帶來禍害。這可怎麼辦呢？事情都是自己的兒子失去理智引起的，這帳首先要算到李景讓身上。

她拿定主意，命人將兒子叫到庭前，當著諸位將士的面大聲斥責道：「皇上把浙西托付給你，你理應把這塊地方治理好。可是，你卻濫殺無辜，激怒將士，萬一由此發生動亂，你如何對得起朝廷和浙西的老百姓呢？」

鄭氏越說越來火，禁不住聲淚俱下：「你發生了如此不光彩的事，叫我如何還有臉面活下去呢？你不是想活活氣死我嗎？這樣不忠不孝的人，留著又有何用呢？」

說畢，命人剝掉李景讓的上衣，狠抽其背，直打得鮮血淋漓，傷痕纍纍。將士們看到鄭氏這樣責罰兒子，氣消了大半，紛紛上前求情。

最後，鄭氏饒了兒子，軍中的不滿情緒也由此平息。

賽賽主公說

面對突發的緊急狀況，擁有敏捷的思維和靈活的頭腦是必要的。因為這樣不僅能夠避免很多不必要的麻煩，更重要的是能夠讓你掌控大局。

俗話說：「解鈴還須繫鈴人。」問題出在誰的身上，就要試著在誰身上尋找解決問題的方法。鄭氏以不袒護兒子的方式來平息事端，不僅表現了她的胸懷大氣，也展現了她處事的高明。

從弱處下手，各個擊破

東周初年，鄭莊公因為權大欺君，引起了周桓公的不滿。公元前七〇七年秋，周桓公召集陳、蔡、衛三諸侯國，出兵伐鄭。蔡、衛兩國的人馬為右軍；陳國的部隊為左軍；桓公親統中軍。三路人馬浩浩蕩蕩直奔鄭國而去。

鄭莊公聽說桓公親自領兵前來征伐，立即召集群臣，商量對策。大夫子元胸有成竹地說：「周王的三軍，是以中軍在前，兩翼在後的品字形老陣法。我們這次作戰，改換一下這種傳統的陣法：用中軍在後，兩翼在前，成倒品字形，夾擊王師，必能取勝。」子元說到這裡，見鄭莊公和眾大臣們面面相覷，不解其意，接著又說：「這次作戰，必須先從弱處下手。陳國是被迫出兵，必然士無鬥志。只要我右翼勇猛衝殺，陳兵一定潰敗。其左翼敗退必然會影響中軍。中軍一亂，其右翼蔡、衛的軍隊就很難支持，只能一跑了之。這樣兩翼既退，我則集中兵力圍攻中軍，如此豈有不勝之理？」

眾人一聽，齊聲稱讚。鄭莊公欣然採納了子元的建議。於是令曼伯率領一部人馬為右翼方陣，祭仲足領兵一部為左翼方陣，莊公自領中軍，原繁、高渠彌、祝聃等人在中軍聽候調遣。

周桓公的軍隊入境時，鄭國的軍隊已經作好了一切準備。莊公令三軍出師迎戰，兩軍在鄭國的繻葛相遇。

兩軍佈陣完畢，周桓公在陣前觀察敵情，正要下達衝陣號令時，見鄭國中軍陣內兩桿大旗不停地擺動。隨著大旗的揮舞，鄭軍兩翼方陣，頓時擂鼓吶喊衝將過來。曼伯率領方陣，戰車在前，步卒在後，隊伍整齊，人馬雄健，伴著震耳欲聾的鼓聲，向陳軍衝去。陳國軍隊本無鬥志，一見鄭軍兇猛地衝來，立即四散奔逃；蔡、衛兩國軍隊，受到祭仲足所領方陣的衝擊，也紛紛向後退卻。

周桓公見兩翼潰敗，著急萬分，正想指揮中軍出陣抵擋，哪知鄭軍中軍和兩翼部隊一齊向他猛衝過來。王師中軍在鄭軍三路夾擊下，難以支持，很快就亂了陣腳，周桓公的肩膀也受了傷。他勉強支撐，率領軍隊慢慢向後撤退。

這是一次典型的從弱處下手，各個擊破的戰例，其表現的戰術原則，在中國軍事史上有重要意義。

齊桓公也非常精通各個擊破的戰術，他先捏「軟柿子」的做法很值得我們借鑑。

公元前六八五年，齊桓公被定為齊國國君。他透過多年軍事征戰，奪得了這個寶座。現在他渴望和平，使國家繁榮起來。一位謀士建議，實現目標的最佳之途，是與該地區的八個國家結盟，以齊桓公為盟主。桓公覺得這是和平掌權的良機。他邀請各國代表共商大計，為會議造了個大平台，承諾賓客會受到慷慨的招待，而為了表示和平，他不會帶一輛戰車去參加會議。

令他驚奇和失望的是，八國中只有四國出席了會議。五國結盟毫無作用，甚至造成反效果。因為這種結盟會威脅盟外的四國，引發今後的爭鬥。不管怎樣，五國還是舉行了儀式，推舉桓公為盟主。

會議期間，桓公建議五國新聯盟攻擊未入盟的四國，藉此要求他們的加入。

四國中只有三國答應了，沒能全部同意。

宋桓公對會議結果不滿意。明明是宋國最大，為什麼要讓齊桓公來領導聯盟。此外，把四國排除在外，更使宋桓公覺得結盟毫無意義。宋桓公認為，一旦他退出，其他國家也會跟進，聯盟就垮台了。因此當晚宋桓公便悄悄離開。

宋國退盟令齊桓公火冒三丈。他命令一位將軍去追宋桓公，直到殺了他。但在執行命令前，一位謀士給了他反向的思考。謀士建議齊桓公暫時不要驚動宋國，而應該關注四國中沒參加會議的鄰國。這種攻擊既安全又勝券在握，但對宋國卻是有效的警告。

為此，本該攻擊最初的對手宋國，齊轉而攻擊弱小的鄰國。當他兵臨城下後，擔心慘敗的小國國君向齊桓公傳遞了急報，解釋他之所以未出席會議，是因為自己生病了，而他原本是準備入盟的。作為回報，齊桓公停止進攻，小國加入了聯盟。

齊桓公的警告訊息十分有力。未出席首次會議的國家開始擔心受到攻擊，同時也被齊桓公寬恕舊敵的肚量所感動，都表示歉意，紛紛入盟。

最後就僅剩下宋國遊蕩在聯盟之外。齊桓公組建聯軍，向宋國都城進發。聯軍還未逼近，宋桓公就明白向聯盟叫陣徒勞無益，便也加入了聯盟。

齊桓公團結了八國，獲得了和平，滴血未流便贏得了霸主之位。

賽賽主公說

「好的開始等於成功的一半。」做事情就要抓住事情的關鍵，認清自己的實力和對方的力量，抓住事情最弱的一點來各個擊破，就能夠取得事半功倍的結果。

不可見異思遷

漢朝實行的是郡縣制，但同時又有二十二個諸侯國。這些諸侯都是漢高祖的子孫，也就是所謂同姓王。

到了漢景帝的時候，諸侯的勢力很大，土地又多，像齊國有七十多座城，吳國有五十多座城，楚國有四十多座城。有些諸侯不受朝廷的約束，特別是吳王劉濞，更是驕橫。他的封國靠海，還有銅礦，自己煮鹽採銅，跟皇帝一樣富有。他從來不到長安朝見皇帝，吳國在當時簡直就像一個獨立的王國。

當時的御史大夫晁錯看到諸侯國的勢力很大，對鞏固中央集權很不利，就對漢景帝說：「吳王一直不來朝見，按理早該把他治罪。先帝（指文帝）在世時對他很寬大，他反倒越來越狂妄自大，還私自開銅山鑄錢，煮海水產鹽，招兵買馬，準備叛亂，不如趁早削減他們的封地。」

漢景帝還有點猶豫：「好是好，只怕削地會激起他們造反。」

晁錯說：「諸侯存心造反的話，削地要反，不削地將來也要造反。現在造反，禍患還小，將來他們勢力雄厚了，造反起來，禍患就更大了。」

漢景帝覺得晁錯的話很有道理，決心削減諸侯的封地。諸侯大多不是荒淫無度，就是橫行不法，要找出理由削減其封地還不容易！過了不久，有的被削去一個郡，有的被削掉幾個縣。

晁錯的父親聽到這個消息，特地從家鄉穎川（今河南禹縣）趕了來。他對晁錯說：「你當了御史大夫，地位已經夠高的了。怎麼不安分守己，硬管閒事？你想想，諸侯王都是皇室的骨肉至親，你管得著嗎？你把他們的封地削減了，他們哪一個不會怨你恨你，你這樣做究竟是為的什麼？」

晁錯說：「不這樣做，皇上就沒法行使權力，國家也一定會亂。」

他父親歎了口氣說：「你這樣做，劉家的天下安定了，我們晁家卻危險了。我老了，不願意看到你大禍臨頭。」

晁錯又勸了他父親一陣。可是老人不體諒晁錯的心意，回到潁川老家，服毒自殺了。

後來晁錯正跟漢景帝商議要削吳王劉濞的封地時，劉濞就先造起反來了。他打著「誅晁錯，清君側」的幌子，煽動別的諸侯一同起兵叛亂。

公元前一五四年，吳、楚、趙、膠西、膠東、淄川、濟南等七個諸侯王發動叛亂，歷史上稱之為「七國之亂」。

叛軍聲勢很大，漢景帝有點怕。他想起漢文帝臨終的囑咐，拜善於治軍的周亞夫為太尉，統率三十六名將軍去討伐叛軍。

那時候，朝廷上有妒忌晁錯的人就說七國發兵完全是晁錯引起的，並勸漢景帝說：「只要答應七國的要求，殺了晁錯，免了諸侯起兵的罪，恢復他們原來的封地，他們就會撤兵回去。」

漢景帝聽信了這番話說：「如果他們真能夠撤兵，我又何必捨不得晁錯一個人呢？」

接著，就有一批大臣上奏章彈劾晁錯，說他大逆不道，應該腰斬。漢景帝為了保住自己的皇位，竟昧著良心，批准了這個奏章。

一天，中尉來到晁錯家，傳達皇帝的命令，要他上朝議事。晁錯還完全蒙在鼓裡，立刻穿上朝服，跟著中尉上車走了。

車馬經過長安東市，中尉忽然拿出詔書，要晁錯下車聽詔。中尉宣佈完漢景帝的命令，後面一群武士立刻一擁而上，把晁錯綁起來。這個一心想維護漢家天下的晁錯，就這樣莫名其妙地被腰斬了。

漢景帝殺了晁錯，派人下詔書要七國退兵。這時候吳王劉濞已經打了幾個勝仗，奪得了不少地盤。一聽說要他拜受漢景帝的詔書，便冷笑說：「現在我也是個皇帝，為什麼要下拜？」

漢軍營裡有個官員名叫鄧公，到長安向景帝報告戰況。漢景帝問他說：「你從軍營裡來，知不知道晁錯已經死了？吳楚願不願意退兵？」

鄧公說：「吳王為了造反已經準備了幾十年了。這次借削地的因頭起兵，哪裡是為了晁錯呢？陛下錯殺了晁錯，恐怕以後誰也不敢替朝廷出主意了。」

漢景帝這才知道自己做錯了事，但後悔已來不及。虧得周亞夫善於用兵，費了好大的勁才打敗叛軍，平定七國之亂。

晁錯身為漢景帝的臣子，他提出削藩完全是為了景帝的江山穩固，可是景帝一遇到壓力就把晁錯推了出去，這實在不是明智的領導者應該做的。作為一個成功的領導者，就要和下屬做到內求團結，外求發展，這樣才能成就大事業。

賽賽主公說

對於有些人來說，只要稍遇阻力，做事情就畏縮不前了。這種恐懼與害怕失敗是緊密相聯繫的，這是走向成功的最大障礙。

做任何事業，決策之後都很可能會碰到許多不曾想到的困難。這時，敢於堅持自己的決策是對的，事業的未來和成功，也在於意志的堅定和百折不撓。做不到這一點，見異思遷，就很難獲得長久的成功。

楊一清計除劉瑾

土木堡之變以後，明王朝開始衰落。明英宗以降的幾代皇帝，都昏庸腐敗。他們沒有吸取王振誤國的教訓，一味依賴宦官，致使宦官專政的局面越來越嚴重。明憲宗朱見深（英宗的兒子）在位的時候，宦官汪直專權，在東廠以外，又設了一個西廠，加強特務統治，冤死不少好人。

公元一五〇五年，明武宗朱厚照即位。他身邊有八個宦官，為首的叫劉瑾，經常陪伴他打球騎馬，放鷹獵兔。明武宗貪圖玩樂，覺得劉瑾等稱他的心意，十分寵信他們。這八個宦官依仗皇帝專寵，在外面胡作非為。人們把他們稱為「八虎」。

一些大臣向武宗勸諫，要求武宗剷除「八虎」。劉瑾等得到消息，就在武宗面前哭訴。明武宗不但不聽大臣勸諫，反而提升劉瑾為司禮太監，又讓劉瑾兩個同黨分別擔任東廠、西廠提督。

劉瑾大權在手，就下令召集大臣跪在金水橋前，宣佈一大批正直的大臣是「奸黨」，把他們排擠出朝廷。

劉瑾每天替武宗安排許多尋歡作樂的事，等武宗玩得正起勁的時候，就把許多大臣的奏章送給武宗批閱。明武宗很不耐煩說：「我要你們幹什麼？這些小事都叫我自己辦？」說著，就把奏章撂給劉瑾。

從此以後，事無大小，劉瑾不再上奏。他假傳明武宗的旨意，獨斷專行。劉瑾自己不通文墨，他把大臣的奏章全帶回家裡，讓他的親戚、同黨處理。一些王公大臣，知道送給明武宗的奏章，皇上是看不到的。因此，有事需要上奏，就先把副本送給劉瑾，再把正本送給朝廷。民間流傳著一種說法：「北京城裡有兩個皇帝：一個坐皇帝，一個立皇帝；一個朱皇帝，一個劉皇帝。」

劉瑾怕人反對，派出東西廠特務四出刺探；還在東西廠之外，設一個「內行廠」，由他直接掌管，連東西廠的人，也要受內行廠監視。被這些特務機構抓去的人，都受到殘酷刑罰，被迫害致死的有幾千人，民間怨聲載道。

劉瑾還利用權勢，敲詐勒索，接受賄賂。地方官員到京城朝見，怕劉瑾找麻煩，還得先送禮給劉瑾，一次就送二萬兩銀子。有的官員進京的時候沒帶那麼多錢，不得不先向京城的富豪借高利貸，回到地方後才償還。當然，這筆負擔全轉嫁到老百姓身上了。

公元一五一〇年，安化王朱寘鐇以反對劉瑾為名發兵謀反。明武宗派楊一清總督寧夏、延綏一帶軍事，起兵討伐朱寘鐇，派宦官張永監軍。

楊一清原是陝西一帶的軍事統帥，在訓練士卒、加強邊防方面立過功。因為他為人正直，不附和劉瑾，被劉瑾誣陷迫害，後來經大臣們營救，才被釋放回鄉。這回明武宗為了平定藩王叛亂，重新起用了他。

楊一清到了寧夏，叛亂已經被楊一清原來的部將平定，楊一清、張永俘虜了朱寘鐇，押解到北京獻俘。

楊一清早就有心除掉劉瑾，他打聽到張永是「八虎」之一，劉瑾得勢以後，張永跟劉瑾也有矛盾，就決心拉攏張永。回京的路上，楊一清找張永密談說：

「這次靠您大力平定了叛亂，這是值得高興的事，但剷除一個藩王容易，內患卻不好解決，怎麼辦？」

張永驚異地說：「您說的內患是什麼？」

楊一清把身子靠近張永，用右手指在左掌心裡寫了一個「瑾」字。

張永一看，皺起眉頭說：「這個人每天在皇上身邊，耳目眾多，要剷除他可難啊！」

楊一清說：「您也是皇上親信，這次凱旋回京，皇上一定會召見您。趁這個機會您把朱寘鐇謀反的起因奏明皇上，皇上一定會殺劉瑾。如果大事成功，您就能名揚後世啦！」

張永心裡猶豫了一下說：「萬一不成功，怎麼辦？」

楊一清說：「如果皇上不信，您可以痛哭流涕，表明忠心，此事一定能成功。不過這件事一定要快，晚了怕洩漏事機。」

張永本就對劉瑾不滿，經楊一清慫恿，膽子也大了起來。

到了北京，張永按楊一清的計策，當夜在武宗面前揭發劉瑾謀反。明武宗命令張永帶領禁軍捉拿劉瑾。劉瑾毫無防備，正躺在家裡睡大覺，禁軍一到，就把他逮住，打進大牢。

明武宗派禁軍抄了劉瑾的家，抄出黃金二十四萬錠，銀元寶五百萬錠，珠玉寶器不計其數；還抄出了龍袍玉帶，盔甲武器。明武宗這才大吃一驚，把劉瑾判處凌遲之刑。

賽賽主公說

明朝宦官專權已經嚴重影響到正常的社會秩序，楊一清能夠及時的採取謀斷，剷除劉瑾，讓人敬佩的不僅是他的勇氣，更重要的是他的謀略和把握時機的能力。

周世宗斥馮道

公元九五四年，周太祖死去。他沒有兒子，柴皇后有個侄兒柴榮，從小聰明能幹，練得一身武藝，周太祖把他收作自己的兒子。太祖一死，柴榮繼承皇位，這就是周世宗。

周世宗新即位，北漢國主劉崇認為周朝局勢不穩，進佔中原的時機已到來，就集中三萬人馬，又請求遼主派出一萬騎兵，向潞州（治所在今山西長治）進攻。

消息傳到後周的都城汴京，周世宗立刻召集大臣商量，他提出要親自帶兵抵抗。大臣們說：「陛下剛剛即位，人心容易動搖，不宜親自出征，還是派個將軍去吧！」

周世宗說：「劉崇趁我剛遭到喪事，又欺侮我年紀輕新即位，想吞併中原。

這次他親自來，我不能不親自去對付他。」

大臣們見周世宗的態度堅決，也就不作聲了。只有一個老臣站出來反對，他就是太師馮道。

馮道從後唐明宗時候起，就當了宰相。此後換了四個王朝，他在每個王朝的主子面前，都能隨機應變，討得新主子的歡心。遼兵佔領汴京的時候，他主動朝見遼主。一些新王朝的皇帝，也樂得利用他。所以，他一直保持著宰相、太師、太傅等重要職位。

這一回，馮道看周世宗年輕，就以老資格的身份來勸阻周世宗親自帶兵出征。周世宗對馮道說：「過去唐太宗平定天下，都是自己帶兵。我怎麼能苟且偷安呢？」

馮道冷冷地笑了一聲說：「陛下能夠比得上唐太宗嗎？」

周世宗看出馮道瞧不起他，激動地說：「我們有強大的兵力，要消滅劉崇，就像大山壓雞蛋一樣容易。」

馮道說：「不知道陛下能像一座山嗎？」

周世宗聽了十分氣憤，一甩袖子，就起身離開朝堂。後來，別的大臣也出來支持他，周世宗就決定親征了。

為了這件事，周世宗對馮道十分不滿。不久，就把他派去管修造周太祖墳墓的事。馮道碰了釘子後，悶悶不樂地死去。

周世宗率領大軍到了高平（在今山西省），跟北漢兵相遭遇，雙方擺開陣勢。北漢劉崇看到周軍人少，驕傲起來說：「早知道這樣，我何必借契丹兵呢？這一次，我不但要打敗周軍，還要讓契丹人看看我的厲害。」

劉崇指揮北漢軍猛攻周軍，周軍右軍的將領頂不住，帶領騎兵敗了下來，步兵也紛紛投降。眼看情況十分危急，周世宗親自上陣，冒著亂箭督戰。他的兩名將領趙匡胤和張永德各帶領兩千親兵衝進敵陣。周軍兵士看到周世宗沉著應戰，也奮勇衝殺，一個抵一百個，爭先恐後地衝向敵陣。北漢兵就像山崩一樣敗了下來。

後面的遼軍看到北漢軍戰敗，也不敢跟周軍交鋒，悄悄地把兵撤走了。北漢劉崇節節敗退，前有追軍，後無救兵，最後只剩下一百多騎兵，狼狽不堪地逃回晉陽。

經過高平大戰，周世宗的聲望大大提高。他回到汴京後著手整頓軍隊，減輕百姓負擔，準備統一中國的戰爭。過了兩年，他親自征討南唐（十國之一），攻下了長江以北十四個州。接著，他又下令北伐，帶領水陸兩路進軍，收復北方大片失地。可惜正當他要實現統一全國的願望的時候，卻病逝了。

賽賽主公說

在唐亡後的紛亂局面中，周世宗面對內憂外患，能夠果斷的採取措施，做出正確的抉擇。革新政治，嚴明法紀，發展生產，並訓練軍隊，發動了一系列的戰爭，為北宋的統一奠定了基礎。史稱「周世宗英毅雄傑，以衰亂之世，區區五六年間，威武之聲，震懾夷夏，可謂一時賢主」。

廣告回信
基隆郵局登記證
基隆廣字第57號

新北市汐止區大同路三段一九四號九樓之一

大拓文化事業有限公司收

請沿此虛線對折免貼郵票，以膠帶黏貼後寄回，謝謝！

馬桶故事集：歷史哪有這麼硬

- 請至鄰近各大書店洽詢選購。
- 永續圖書網，24小時訂購服務
  www.foreverbooks.com.tw
  免費加入會員，享有優惠折扣
- 郵政劃撥訂購：
  服務專線：(02)8647-3663
  郵政劃撥帳號：18669219